東武鉄道のしくみ

徹底カラー図解

マイナビ出版編集部（編）　東武鉄道（協力）

本書の見方

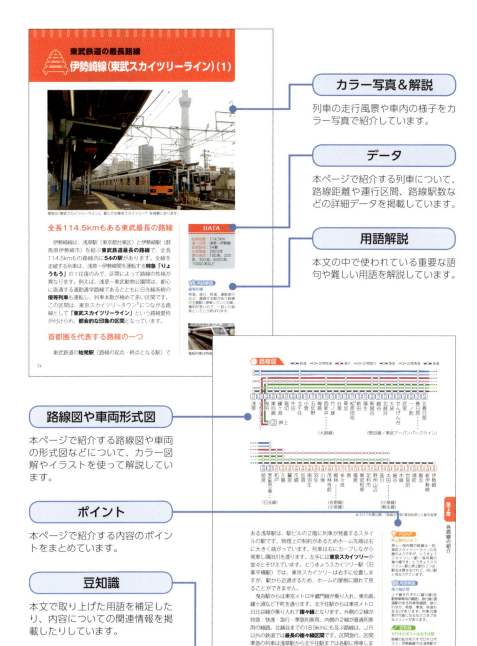

- カラー写真＆解説
  列車の走行風景や車内の様子をカラー写真で紹介しています。

- データ
  本ページで紹介する列車について、路線距離や運行区間、路線駅数などの詳細データを掲載しています。

- 用語解説
  本文の中で使われている重要な語句や難しい用語を解説しています。

- 路線図や車両形式図
  本ページで紹介する路線図や車両の形式図などについて、カラー図解やイラストを使って解説しています。

- ポイント
  本ページで紹介する内容のポイントをまとめています。

- 豆知識
  本文で取り上げた用語を補足したり、内容についての関連情報を掲載したりしています。

CONTENTS

本書の見方 ……………………………………………………… 3
東武列車種別と停車駅 ………………………………………… 8
東武鉄道路線図 ………………………………………………… 10

第1章 東武鉄道の魅力 …………………… 12

幅広く展開する東武鉄道の全体像 ……………………… 14
路線ごとの特徴 …………………………………………… 16
東武鉄道の駅のタイプ …………………………………… 18
個性豊かな東武列車 ……………………………………… 20

第2章 各路線の紹介 ……………………… 22

伊勢崎線（東武スカイツリーライン）(1) ……………… 24
伊勢崎線（東武スカイツリーライン）(2) ……………… 26
日光線(1) …………………………………………………… 28
日光線(2) …………………………………………………… 30
鬼怒川線 …………………………………………………… 32
野岩鉄道、会津鉄道 ……………………………………… 34
桐生線 ……………………………………………………… 36
上毛電鉄＆わたらせ渓谷鐵道 …………………………… 38
佐野線 ……………………………………………………… 40
小泉線 ……………………………………………………… 42
宇都宮線(1) ………………………………………………… 44
宇都宮線(2) ………………………………………………… 46
大師線 ……………………………………………………… 48
亀戸線 ……………………………………………………… 50
野田線（東武アーバンパークライン）(1) ……………… 52
野田線（東武アーバンパークライン）(2) ……………… 54
東上線(1) …………………………………………………… 56
東上線(2) …………………………………………………… 58
東上線(3) …………………………………………………… 60
越生線 ……………………………………………………… 62

第3章 車両・列車のしくみ ……… 64

- 多彩なラインアップを誇る車両 ……… 66
- 既存技術とコンポーネントの活用 ……… 68
- 列車の「顔」に見る東武らしさ ……… 70
- 500系 ……… 72
- 100系 ……… 74
- 200型 ……… 76
- 250型 ……… 77
- 300型 ……… 78
- 350型 ……… 79
- 1800系 ……… 80
- 6050系 ……… 81
- 634型 ……… 82
- 8000系 ……… 84
- 800型・850型 ……… 85
- 9000型 ……… 86
- 9050型 ……… 87
- 10000型 ……… 88
- 10030型 ……… 90
- 10080型 ……… 91
- 20000型 ……… 92
- 20050型 ……… 93
- 20070型 ……… 94
- 30000系 ……… 95
- 50000型 ……… 96
- 50050型 ……… 98
- 50070型 ……… 99
- 50090型 ……… 100
- 60000系 ……… 101
- 70000系 ……… 102
- 東武鉄道の車両寸法図 ……… 104
- 特急用車両の変遷 ……… 108

一般用車両の変遷 ………………………………… 110
地下鉄乗り入れ用車両の変遷 …………………… 112
機関車、ディーゼルカー、路面列車 …………… 114
特急「スペーシア」 ………………………………… 116
東武＆JR相互直通特急 …………………………… 118
特急「りょうもう」 ………………………………… 120
スカイツリートレイン …………………………… 122
300型「きりふり」、350型「しもつけ」 ………… 124
座席定員制列車「TJライナー」 ………………… 126
東上線快速急行 …………………………………… 128
チケットレスサービス …………………………… 130
尾瀬夜行＆スノーパル23：55 …………………… 132
AIZUマウントエクスプレス …………………… 134
唯一の18m車20000系 …………………………… 136
10030型と60000系 ……………………………… 138

第4章 駅のしくみと特徴 …… 140

東武鉄道の駅の構造と特徴 ……………………… 142
都心の始発駅の変遷 ……………………………… 144
複々線のしくみ …………………………………… 146
信号場のしくみ …………………………………… 148
復元されたシンボル、2つの拠点駅 …………… 150
国際的な観光地へ向かう主要駅 ………………… 152
温泉観光の大動脈にある3つの駅 ……………… 154
特急街道として栄える路線の4駅 ……………… 156
館林発2路線の特色豊かな駅 …………………… 158
県下最大の繁華街に乗り入れる小さな駅 ……… 160
改札2度通過、切符なし乗車!? ………………… 162
下町情緒がたっぷり味わえる駅 ………………… 164
唯一の構造の駅、変化する駅 …………………… 166
都内と埼玉西部を結ぶ路線 ……………………… 168
東上線唯一の支線 ………………………………… 170

第5章 珍しい車両、知られざる施設 …… 172

- 歴史をひもとく東武博物館 …………………………………… 174
- 南栗橋車両管区・南栗橋工場 ………………………………… 176
- 東上線の3つの車両基地 ……………………………………… 178
- とうきょうスカイツリー駅構内留置線 ……………………… 180
- 東上線から南栗橋への回送ルート …………………………… 182
- 臨時列車で楽しむ日光への旅 ………………………………… 184

第6章 運行のしくみ …… 186

- 運行にかかわる人々 …………………………………………… 188
- 車掌・運転士の役割と仕事 …………………………………… 190
- 運行管理のしくみ ……………………………………………… 192
- 線路のしくみと保線 …………………………………………… 194
- 直通運転の連携のしくみ ……………………………………… 196

第7章 安全・安心のしくみ …… 198

- 安全への取り組み ……………………………………………… 200
- 線路の改良 ……………………………………………………… 202
- 電気設備 ………………………………………………………… 204
- 運転保安装置 …………………………………………………… 206
- 駅の安全対策 …………………………………………………… 208
- 踏切の安全対策 ………………………………………………… 210
- 強風・豪雨・地震対策と運行規制 …………………………… 212
- 環境への取り組み ……………………………………………… 214

巻末資料
東武鉄道の主な年譜 ……………………………………………… 216

東武列車種別と停車駅

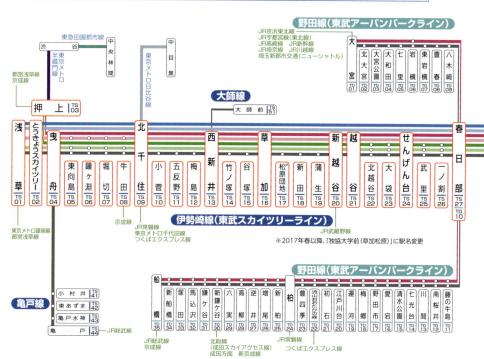

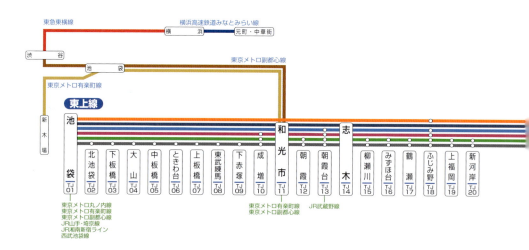

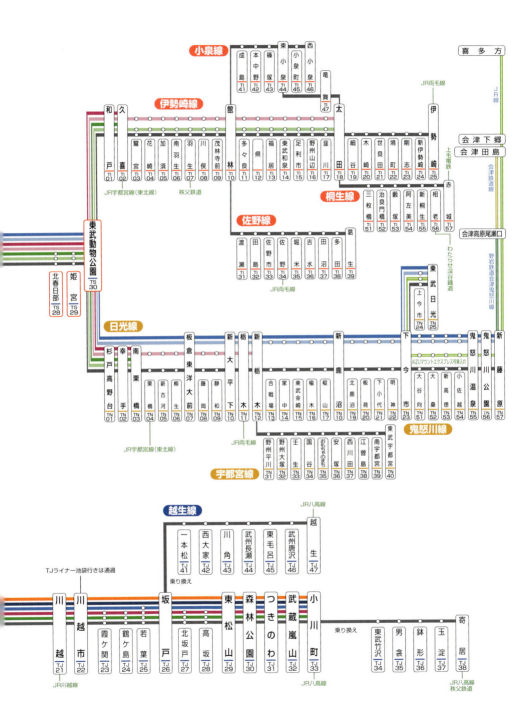

東武鉄道路線図

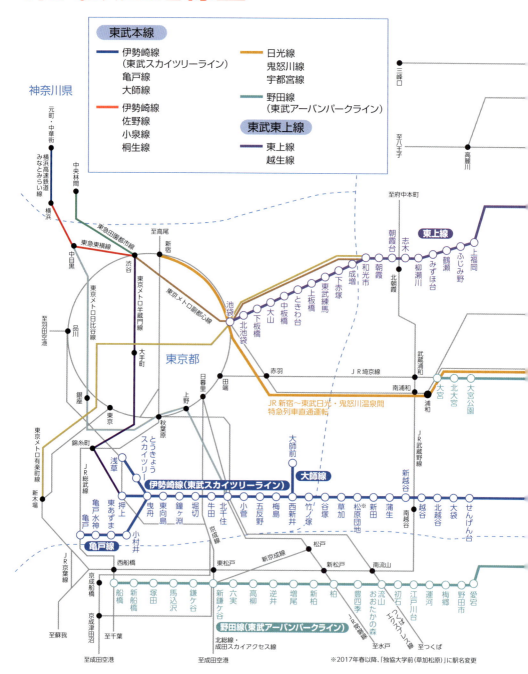

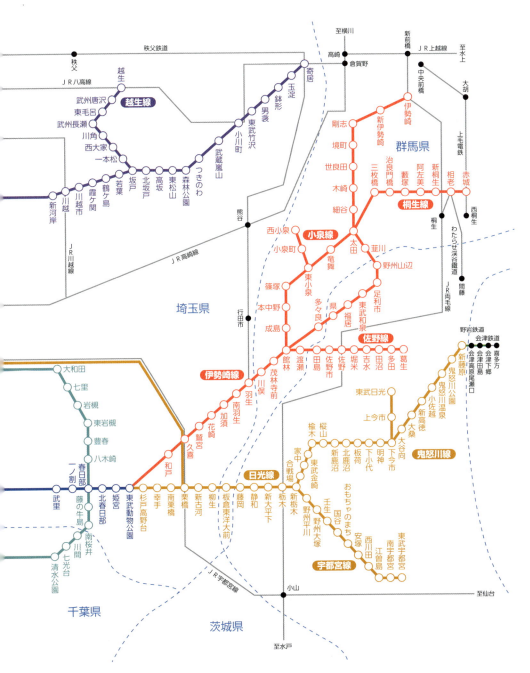

第 1 章
東武鉄道の魅力

東武鉄道は1都4県にまたがる広大な路線網を持ち、その規模は関東の民営鉄道会社の中でも最大を誇ります。通勤列車から観光特急、ローカル線を走る名車など、幅広い種類の車両や、さまざまなタイプの駅を有する東武鉄道の魅力を紹介します。

首都圏の通勤輸送から観光特急、ローカル線まで
幅広く展開する東武鉄道の全体像

越谷駅を通過する浅草行き特急「スペーシア」。

関東最大の運行区間を持つ私鉄

　東武鉄道は、北関東を中心に1都4県（埼玉、群馬、栃木、千葉）に**全長463.3kmの路線**（営業キロ）を持つ鉄道会社です。JRを除くと近畿日本鉄道に続き**私鉄第2位**、**関東では第1位**の路線規模です。

　東武鉄道の路線網は、**4つの幹線**と**その支線**から成り立っています。**伊勢崎線**（東武スカイツリーライン含む）、**亀戸線**、**大師線**、**佐野線**、**小泉線**、**桐生線**、**宇都宮線**は、通勤・通学客の利用がメインで、地域輸送や渡良瀬渓谷方面への観光客も運びます。**日光線**、**鬼怒川線**は、栃木県を中心とし、日光や鬼怒川、野岩鉄道沿線や会津方面への観光客の利用がメインで、地域輸送もあります。**野田線**（**東武アーバンパークライン**）は、首都圏の通勤・通学輸送を担っています。**東上線**、**越生線**も、同様に首都圏の通勤・通学輸送を担っています。

用語解説
営業キロ
運賃計算のために設定している鉄道路線のキロ数。

豆知識
大手私鉄の鉄道営業キロ

全国ベスト3

1	近畿日本鉄道	508.1km
2	東武鉄道	463.3km
3	名古屋鉄道	444.2km

関東ベスト3

1	東武鉄道	463.3km
2	東京メトロ	195.1km
3	西武鉄道	176.6km

東武鉄道の路線一覧

路線	運行区間	営業キロ
伊勢崎線※	浅草〜伊勢崎	114.5km
亀戸線	曳舟〜亀戸	3.4km
大師線	西新井〜大師前	1.0km
佐野線	館林〜葛生	22.1km
小泉線	館林〜西小泉、東小泉〜太田	18.4km
桐生線	太田〜赤城	20.3km
日光線	東武動物公園〜東武日光	94.5km
宇都宮線	新栃木〜東武宇都宮	24.3km
鬼怒川線	下今市〜新藤原	16.2km
東武アーバンパークライン（野田線）	大宮〜船橋	62.7km
東上線	池袋〜寄居	75.0km
越生線	坂戸〜越生	10.9km

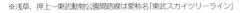
※浅草、押上〜東武動物公園間路線は愛称名「東武スカイツリーライン」

Mini Column

どんどんつながる鉄道各社の直通運転

押上駅に乗り入れる東京メトロ半蔵門線は、渋谷駅で東急田園都市線（渋谷〜中央林間）とつながるため、最長で南栗橋駅から中央林間駅まで直通列車が走ります。また、和光市から乗り入れる東京メトロ副都心線は渋谷駅で東急東横線とつながっています。東急東横線は横浜駅で横浜高速鉄道みなとみらい線とつながっているので、最長、東上線森林公園駅から横浜高速鉄道みなとみらい線の元町・中華街駅まで直通列車が走っています。

どんどん便利に。乗り入れる他社線

東武鉄道は、複数の**他社路線と相互乗り入れ**を行なっています。

まずは、**東武スカイツリーライン**。この路線には、北千住駅で相互直通する東京メトロ日比谷線と、押上駅で相互直通する東京メトロ半蔵門線との2つのルートがあります。次に、**東上線**。和光市で東京メトロ有楽町線および東京メトロ副都心線と直通しています。また、**日光線**の栗橋駅からはJR宇都宮線（JR東北線）が接続し、新宿〜東武日光、鬼怒川温泉を直通する特急が走っています。

鬼怒川線では、野岩鉄道、会津鉄道との直通運転を行なっており、直通列車は浅草駅から電化区間の北限、会津田島駅まで走ります。また会津鉄道のディーゼルカーは、最長、東武日光駅から非電化区間を経て、JR磐越西線会津若松駅までの長距離運転となります。

POINT
東武鉄道の他社線乗り入れ区間

東京メトロ・東京急行電鉄・横浜高速鉄道

路線	区間	駅数
日比谷線	北千住〜中目黒	21駅
半蔵門線	押上〜渋谷	40駅
田園都市線	渋谷〜中央林間	
有楽町線	和光市〜新木場	24駅
副都心線	和光市〜渋谷	
東急東横線	渋谷〜横浜	41駅
みなとみらい線	横浜〜元町・中華街	

野岩鉄道・会津鉄道

路線	区間	駅数
会津鬼怒川線	新藤原〜会津高原尾瀬口	14駅
会津鉄道	会津高原尾瀬口〜会津田島	

関東最大の路線から見える
路線ごとの特徴

二面性!?のある路線

　東武鉄道は、路線の運行距離が長いため、同じ路線でも**区間によって輸送量に大きな差がある**のが特徴です。その差は列車本数に表れています。例えば、東武スカイツリーライン（伊勢崎線）の北千住～小菅間では、最も混雑する時間帯で、1時間当たり40本の列車が走っています。それに対し、伊勢崎～新伊勢崎間は同時刻に1時間当たり約4本となり、10分の1の運行数です。これは、線路容量の差、つまり、**複々線区間か単線区間かという違い**にもよります。

　伊勢崎線は、北千住～北越谷間は複々線、北越谷～館林間では複線で、その先は終点伊勢崎駅まで単線です。1列車当たりの編成も、久喜駅までは10両編成の地下鉄直通列車が走る一方、館林駅以北の普通列車は6両または3両編成が基本となります。一部を除き、特急「りょうもう」以外の直通列車がないのも、輸送需要に合わせて、区間ごとに編成を調整しているためです。

　東上線も伊勢崎線と同様に、通勤ラッシュの午前7時台に上り32本の列車が走る志木～和光市間に対し、寄居～玉淀間は上り4本のみ。この差も、やはり複々線区間と単線区間の違いとなって現れています。

関東で最も少ないものも

　関東最大の営業距離を持つ東武鉄道ですが、路線は関東平野を走る区間が長く、**山岳トンネルは1カ所しかありません**。日光線の明神～下今市間にある、全長約40mの**十石坂トンネル**です。これは、関東大手私鉄の中でも最少の山岳トンネル数です。

　一方、利根川、鬼怒川、渡良瀬川などの川を渡る鉄橋の数は多く、**全線で500カ所以上**あります。中でも**利根川に架かる橋梁は長大**で、伊勢崎線の羽生～川俣間にある橋梁は**639.4m**の長さを誇ります。

POINT
乗降客数の差
1日平均の乗降客数は、北千住駅＝43万7156人、伊勢崎駅＝6115人（2014年実績）。実に70倍を超える差があります。

豆知識
もう一つのトンネル？
東京メトロ半蔵門線との相互乗り入れ開始の際に開業した地下トンネルがあります。伊勢崎線の押上～曳舟間で、押上駅で半蔵門線と直通し、長さは約496m。正式な名称は押上トンネルです。

東武鉄道の橋梁
東武鉄道には、ほかにも、佐野線が通る渡良瀬川橋梁、東武スカイツリーラインが通る隅田川橋梁、東武アーバンパークラインが通る江戸川橋梁、古利根川橋梁、東上線が通る荒川橋梁などがあります。

東武鉄道の長大橋梁ベスト3
ベスト3は、すべて利根川にかかる橋梁です。

1	伊勢崎線利根川橋梁（上り線）	639.4m
2	日光線　利根川橋梁	637m
3	伊勢崎線利根川橋梁（下り線）	632m

複線、複々線、単線区間

複線以上の区間	伊勢崎線	浅草～館林（路線の65.2％）
	亀戸線	全線
	日光線	全線
	鬼怒川線	鬼怒立岩信号場～鬼怒川温泉（路線の4.5％）
	東武アーバンパークライン（野田線）	大宮～春日部、ほか（路線の65.1％）
	東上線	池袋～嵐山信号場（路線の80.1％）
	越生線	武州長瀬～東毛呂（路線の9.2％）
複々線区間	伊勢崎線	北千住～北越谷（18.9km）
	東上線	和光市～志木（5.3km）
全区間単線の路線	大師線、佐野線、小泉線、桐生線、宇都宮線	

複線

複々線

単線

トンネル・橋梁

東武鉄道唯一の山岳トンネルである十石坂トンネル。

特急「スペーシア」車内から見える、利根川と利根川橋梁。

関東の広大なエリアをカバー
東武鉄道の駅のタイプ

駅の種類と5つの分類

　東武鉄道には全線で**205駅**があります。これには信号場2つが含まれるため、旅客駅は203です。**無人駅は25駅**あり、日光線内が一番多くて8駅、次いで伊勢崎線が5駅、佐野線が4駅、小泉線と鬼怒川線が各3駅、大師線と桐生線が1駅となっています。

　すべての駅には「**駅ナンバリング**」と呼ぶ識別子が振られています。これは、外国人観光客でも駅が区別できるよう、2012年の春に導入されたものです。アルファベットの略号と数字で表記されますが、略号は主要路線ごとに異なり、支線は主要路線と共通です。この分類は、前述した4つの路線網と対応しています。ただし、伊勢崎線は東武動物公園駅を境に分類をさらに2つに分け、**5つの略号**を使用しています。

巨大駅から無人駅までカバー

　都心から郊外までを走る東武鉄道では、1日の駅の乗降客数に大きな差があります。**乗降客数が最も多い東上線の池袋駅では47万人以上**にも達しますが、最も少ない**日光線の板荷駅**は、わずか**104人**です※。

　乗降客数の上位10駅を路線ごとに分類すると、東上線が4駅（池袋、和光市、朝霞台、川越）、東武スカイツリーラインが3駅（北千住、新越谷、とうきょうスカイツリー）、東武アーバンパークラインが3駅（柏、大宮、船橋）。他路線との接続駅は、その分利用者も多くなっています。

　一方、乗降客数が少ない駅は、日光線が5駅（板荷、上今市、北鹿沼、下小代、楡木）、鬼怒川線が2駅（大谷向、大桑）、佐野線が2駅（田島、多田）、小泉線が1駅（篠塚）です。日光線や鬼怒川線は、観光用特急の大動脈である半面、地域輸送が小規模な背景には人口減や自家用車の普及による影響が考えられます。

※乗降客数は2014年度のデータです。

豆知識
1日の平均乗降客数（人）
2014年度データ

上位10駅

1	池袋(東上線)	472,132
2	北千住(東武スカイツリーライン)	437,156
3	和光市(東上線)	164,062
4	朝霞台(東上線)	153,680
5	新越谷(東武スカイツリーライン)	143,125
6	柏(東武アーバンパークライン)	138,478
7	大宮(東武アーバンパークライン)	131,710
8	川越(東上線)	125,687
9	船橋(東武アーバンパークライン)	112,000
10	とうきょうスカイツリー(東武スカイツリーライン)	107,663

下位10駅

1	板荷(日光線)	104
2	田島(佐野線)	128
3	上今市(日光線)	133
4	多田(佐野線)	146
5	北鹿沼(日光線)	168
6	大谷向(鬼怒川線)	173
7	大桑(鬼怒川線)	174
8	篠塚(小泉線)	204
9	下小代(日光線)	227
10	楡木(日光線)	237

🕐 駅ナンバリング略号一覧

●東武スカイツリーライン(浅草・押上～東武動物公園／東武スカイツリーライン区間)、亀戸線、大師線

TS 01

TS01～30、41～44、51

●伊勢崎線(和戸～伊勢崎)、佐野線、小泉線、桐生線

TI 56

TI01～25、31～39、41～47、51～57

●日光線、宇都宮線、鬼怒川線

TN 25

TN01～25、31～40、51～57

●野田線(東武アーバンパークライン)

TD 17

TD01～35

●東上線、越生線

TJ 10

TJ01～38、41～47

ココ

駅ナンバリングは、駅名票の左上などに表記されています。

1日の平均乗降客数が最も多い池袋駅。特に、朝夕のラッシュ時は混雑します。

多種多様な列車が走る
個性豊かな東武列車

バラエティーに富む東武の列車たち

　東武鉄道では特急から各駅停車まで、実にさまざまな種類の列車が走っています。

　全線電化区間なので、東武鉄道の車両はすべて電動機のある電車による運転です。ただし、非電化区間のある会津鉄道からの乗り入れ列車3往復だけは、電車ではなくディーゼルカーによる運転です。

　東武鉄道の看板列車である**100系「スペーシア」**は、座席指定の特急列車です。浅草～東武日光間を走る「**けごん**」、浅草～鬼怒川温泉、鬼怒川公園、新藤原間を走る「**きぬ**」、JR新宿～鬼怒川温泉間を走る「**スペーシアきぬがわ**」などがあります。

　200型、250型の特急「**りょうもう**」は、浅草～赤城、太田間の運転を中心に、浅草～葛生間、浅草～伊勢崎間で1日1往復だけ走っています。

豆知識
観光用SL列車の運行
2017年度に、JR北海道所有の蒸気機関車C11形207号機を借り受け、鬼怒川線下今市～鬼怒川温泉間での運行が計画されています。これにより、東武鉄道に新たなバリエーションが加わることになります。

東武鉄道ではさまざまな種類の列車が走っています。　　　　　　　　　　　　　　　　　　(東武博物館所蔵)

300型「**きりふり**」は浅草〜春日部、南栗橋間で、350型「**しもつけ**」は浅草〜東武宇都宮間で、特急列車として朝晩に運転されています。

東上線では、座席定員制の**TJライナー**が朝晩に運転されています。車両は通勤型ですが、6人掛けのロングシートと独立した2人掛けのクロスシートに転換できる特殊な座席を備えた車両が使用されています。

このほか、臨時で運転される観光用特急列車として「スカイツリートレイン」があります。

快速、急行、準急の分類

一般的には、快速より急行の方が停車駅は少なく速いイメージですが、東武鉄道では急行よりも快速の方が速く、**快速＞急行＞準急**の位置づけになっています。東上線では、特急はないため、TJライナー＞快速急行＞快速＞急行＞準急の位置づけになります。

このほか、**区間快速**、**区間急行**、**区間準急**もあります。一部の区間だけ快速、急行、準急と同じですが、その他の区間は各駅停車になるという列車です。

豆知識

種別表示
列車の種別は車体正面と側面に表示されています。

混雑時の列車本数、述べ通過車両数

主要路線の最混雑時における列車本数、通過車両数を比べてみると、東武スカイツリーラインと東上線の都心での混雑ぶりは群を抜いていることが分かります。※2014年度のデータ

路線	本数・両数
東武スカイツリーライン（伊勢崎線）小菅⇒北千住	40本、334両（1編成6両、8両、10両と様々）
東武アーバンパークライン（野田線）北大宮⇒大宮	14本、84両（すべて6両編成）
東上線 北池袋⇒池袋	24本、240両（すべて10両編成）

Mini Column

区間準急の停車駅

東武スカイツリーラインを走る区間準急は、浅草〜北千住間は各駅停車、北千住駅を出ると3駅通過して西新井駅に停車、さらに2駅通過して草加駅に停車。その後、3駅通過して新越谷駅に停まった後は再び各駅停車となります。浅草発館林行きの場合、所要時間は1時間50分ほどかかりますが、区間準急として走るのは、約10分だけです。

第 2 章

各路線の紹介

全長463.3kmの広大な路線規模を持つ東武鉄道の各路線を解説します。首都圏を代表する路線の一つである伊勢崎線（東武スカイツリーライン）や、日光市内を走る観光路線の鬼怒川線、地域輸送の重要な役割を担う各ローカル線など、個性豊かな車両とともに見ていきましょう。

東武鉄道の最長路線
伊勢崎線(東武スカイツリーライン)(1)

愛称は「東武スカイツリーライン」。都心では東京スカイツリー® を背景に走ります。

全長114.5kmもある東武最長の路線

　伊勢崎線は、浅草駅(東京都台東区)と伊勢崎駅(群馬県伊勢崎市)を結ぶ**東武鉄道最長の路線**で、全長114.5kmもの路線内に**54の駅**があります。全線を走破する列車は、浅草〜伊勢崎間を運転する**特急「りょうもう」**の1往復のみで、区間によって路線の性格が異なります。例えば、浅草〜東武動物公園間は、都心に直通する通勤通学路線であるとともに日光線系統の**優等列車**も運転し、列車本数が極めて多い区間です。この区間は、東京スカイツリータウン®につながる路線として**「東武スカイツリーライン」**という路線愛称が付けられ、**都会的な印象の区間**となっています。

首都圏を代表する路線の一つ

　東武鉄道の**始発駅**(路線の起点・終点となる駅)で

DATA
路線距離：114.5km
運行区間：浅草〜伊勢崎
路線駅数：54駅
全線開通：2003年
運行車両：100系、200系、300系、6050系、10000系など

用語解説
優等列車
特急、急行、快速、通勤急行など、通過する駅があり路線の主要駅に停車していく列車。種別が多いので、一括した総称としてこう呼ばれます。

看板列車は特急「りょうもう」。

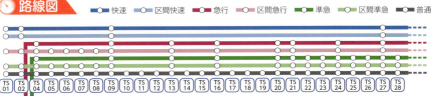

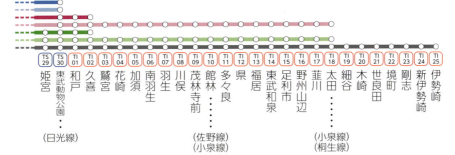

※2017年春以降、「獨協大学前〈草加松原〉」に駅名変更

ある浅草駅は、駅ビルの2階に列車が発着するスタイルの駅です。物理上の制約があるためホーム先端は右に大きく曲がっています。列車は右にカーブしながら発車し隅田川を渡ります。左手には**東京スカイツリー**が堂々とそびえています。とうきょうスカイツリー駅（旧業平橋駅）では、東京スカイツリーは右手に位置しますが、駅から近過ぎるため、ホームの屋根に隠れて見ることができません。

曳舟駅からは東京メトロ半蔵門線が乗り入れ、東向島、鐘ヶ淵など下町を通ります。北千住駅からは東京メトロ日比谷線が乗り入れて**複々線**となります。外側の2線が特急・快速・急行・準急列車用、内側の2線が普通列車用の線路。北越谷までの18.9kmにも及ぶ路線は、JR以外の鉄道では**最長の複々線区間**です。区間急行、区間準急の列車は浅草駅から北千住駅までは各駅に停車しますが、ここから急行線に入ります。しばらくは高架区間が続き、列車のすれ違いや追い抜きも多くなります。

POINT
押上駅のひみつ

押上〜曳舟間の路線は一見、東武スカイツリーラインの支線のようですが、とうきょうスカイツリー駅〜曳舟間の複々線です。とうきょうスカイツリー駅と押上駅の2つは、駅名は異なるけれど、同じ駅と見なされています。

用語解説
複々線区間

上下線それぞれに緩行線（各駅停車専用の線路）、急行線（通過駅のある列車用線路、急行のほか、特急、準急、快速も走る）があります。列車の増発が可能になるなどさまざまなメリットがあります。

豆知識
ゼロキロポストは北千住駅

路線の起点を示すゼロキロポスト。伊勢崎線では浅草駅ではなく北千住駅に設置されています。これは、開業時の営業区間が北千住〜久喜間だったためです。

伊勢崎線（東武スカイツリーライン）(2)

都市を抜けるとのどかな風景が広がる

関東平野を走るのどかな区間

北越谷駅で複々線区間が終わり、線路は高架から地上に降ります。単線の**野田線（東武アーバンパークライン）が合流**すると春日部駅に到着です。北春日部駅を出ると、右手に大きな**車両基地**が現れます。

東武動物公園駅を出ると、日光線が右に分かれ、家並みもまばらになり、一面に関東平野が広がります。**JR宇都宮線（JR東北本線）と接続**する久喜駅は、東京メトロ半蔵門線からの直通列車の終着駅。10両編成の列車が発着するのもここまでで、これより先は日中は**6両編成**です。運転間隔も特急を除けば昼間は1時間に3本となります。

秩父鉄道との乗換駅である羽生駅を過ぎると、利根川を渡り、「ぶんぶく茶釜」で有名な茂林寺の最寄駅、茂林寺前駅を通ります。館林は伊勢崎線の拠点駅の一つで、**小泉線と佐野線が分岐**します。また、館林以南と以北で普通列車の運転系統も分かれ、以北は単線で、運転本数も昼間は1時間に2本となります。

ローカル色豊かな終盤

館林駅から線路は北西に進路を変え、足利市に向かいます。足利市は渡良瀬川の南に位置しますが、伊勢崎線はこの川を越えることはなく、出発すると今度は南西方向に進路を変えて、太田駅に向かいます。

太田駅は高架駅で**小泉線と桐生線が乗り入れる**大きな駅です。浅草駅から伊勢崎線を走ってきた特急「りょうもう」の赤城行きの列車は、太田駅からは**桐生線に乗り入れ**ます。この先の伊勢崎線は、昼間は1時間に1本の普通列車のみ。それも**3両編成のワンマン列車**です。東京近郊とは様変わりしたのどかさを感じながら伊勢崎駅に着きます。伊勢崎駅は、2013年に高架が完成し、新しい駅舎となりました。

太田駅に到着する3両編成の普通列車。

用語解説
車両基地

鉄道車両の待機や、編成替え、整備、点検などを行なう施設。車庫、列車区、機関区、車両センター、検車区など鉄道会社により様々な呼び名があるので、まとめて一般的に「車両基地」と称することが多い。

POINT
区間準急、区間急行

各駅に停車する区間が長く、一部の区間のみ準急、急行として走る場合、「区間準急」「区間急行」として運行している会社もあります。東武鉄道の場合、区間急行は、北千住～東武動物公園間、区間準急は北千住～新越谷間を急行運転し、その他の区間は各駅に停車します。

豆知識
最長＆最短の列車編成

伊勢崎線を走る最長編成は東京メトロ半蔵門線直通列車の10両編成で、押上～久喜間で乗ることができます。最短編成は伊勢崎駅に発着する各駅停車で3両編成のワンマン運転です。

足利市駅に到着する10000系列車。

Mini Column

伊勢崎線の走破

昼間に特急を使わず伊勢崎線を走破するための乗り換えを考えてみましょう。まずは、浅草駅から2駅乗って曳舟駅に行き、東京メトロ半蔵門線からの直通急行に乗り換えて久喜駅へ。すぐに出発する館林行き各駅停車で館林駅へ。5〜10分程度の待ち合わせで伊勢崎行き普通列車に乗ります。特急「りょうもう」利用なら、太田駅で伊勢崎行きに乗り換えますが、接続には注意しましょう。

第2章 各路線の紹介

太田〜伊勢崎間は、特急は1往復走るのみ。昼間は3両編成のワンマン列車が1時間に1本走るだけの区間です。

日光・鬼怒川へのメインルート
日光線（1）

特別塗装で金色に輝く車体になった「日光詣スペーシア」。

急カーブのない路線を高速走行

　日光線の始発は東武動物公園駅ですが、この路線を走る列車のほとんどは、浅草駅や東京メトロ線内から東武スカイツリーラインを経由して直通運行しているものです。

　特急列車も1時間に1～2往復と本数が多く活気があります。浅草駅発着のほか、JRからの直通列車もあり、栗橋駅でJRから日光線へと入ります。特急の行き先は**東武日光行き**よりも**鬼怒川温泉行き**の方が多くなっています。伊勢崎線とは異なり、全線複線で急カーブがないなど列車を高速で走らせるのに条件がよく、**最高速度120km/h**で運転されています。

　特急以外の長距離列車としては、**セミクロスシート車の6050系**を使用した快速、区間快速があります。この列車は6両編成ですが、下今市駅で東武日光行き、新藤原駅で会津田島行きが切り離され、野岩鉄道・会

DATA
路線距離：94.5km
運行区間：東武動物公園～東武日光
路線駅数：25駅
全線開通：1929年
運行車両：100系、300系、6050系、10000系、JR253系など

「日光詣スペーシア」の「日光詣エンブレム」。「日光詣」の文字と日光東照宮の"眠り猫""三猿"などがデザインされています。

日光観光の玄関、東武日光駅。

かつて存在した路面列車とケーブルカー

現在、東武日光から奥日光へのアクセスはバスや車ですが、かつては路面列車(東武日光軌道線、日光駅前〜馬返)とケーブルカー(東武日光鋼索鉄道線、馬返〜明智平)がありました。道路整備とともにモータリゼーションの波を受け、路面列車は1968年に、ケーブルカーは1970年に廃止となりました。

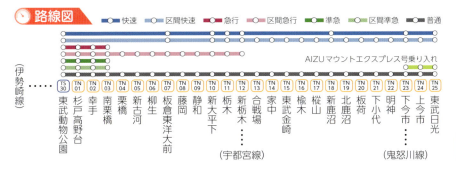

津鉄道へは先頭から２両のみが向かいます。南会津地域への近道として観光客に人気があります。

各駅停車で区間運転が多い

　日光線には日光線全線を直通する普通列車がありません。都心からの列車の多くは、南栗橋駅が終点となり、南栗橋駅で新栃木駅まで運行する列車に乗り換える必要があります。さらに栃木駅より先に行くには、栃木駅（または新栃木駅）始発の普通列車か、各駅に停車する浅草発の区間快速のどちらかを利用します。運転間隔は１時間に１本です。

　下今市駅と東武日光駅との間は、この区間だけを走る普通列車が１時間に２〜３本走っています。これは、鬼怒川温泉行きの特急に接続して東武日光駅へ向かう旅客のために運転しているものです。運行車両には、**２両編成**の**6050系**が使われています。

POINT
快速・区間快速の分割の様子

浅草発の快速、区間快速は２両編成を３つつないだ６両編成。行き先は、前から会津田島行き、新藤原行き、東武日光行き(一部は東武日光、新藤原行き)で、列車は各車両を切り離しながら進みます。反対に、浅草駅に向かうときは、列車をつなぎながら進みます。

開業時から全線複線電化
日光線(2)

全線複線電化で開業した日光線

　伊勢崎線が最初は単線で蒸気機関車を使って運転し、その後、都心付近の区間から徐々に、複線化、電化が進んだのと違い（伊勢崎線は単線区間が残っています）、日光線は開業当初から**全線複線電化**していました。開業当初から優等列車を運転し、蒸気機関車で運転する国鉄（現・JR）より速く快適で、好評でした。

利根川を渡り、栃木へ

　日光線は、東武動物公園駅から始まります。ここで伊勢崎線と分かれ北に向かって延びています。南栗橋駅の先では右手に大きな**車両基地**と**車両工場**が見えてきます。
　栗橋駅を発車すると、JR宇都宮線からの連絡線と合流し田園地帯を進みます。利根川鉄橋を渡り、埼玉、栃木、群馬の3つの県境が接する三国境に近い柳生駅を経て、板倉東洋大前駅へ。1997年に開設された**日光線で一番新しい駅**です。日光線では**唯一群馬県にある駅**で、東武日光行き特急「けごん」がゴルフ場へのアクセスのために片道1本だけ停車します。
　藤岡駅の先で渡良瀬川を越え、駅前に大きな工場が広がる新大平下駅を経て、栃木駅に停車。ここは**JR両毛線への乗換駅**で、特急は全列車停車します。
　新栃木駅で宇都宮線が分岐した後は、合戦場駅に停まります。戦国時代の1523年に宇都宮忠綱と皆川宗成両軍が戦った河原田合戦に由来する駅名です。
　新鹿沼駅の辺りからは丘陵が迫り、起伏のある地形の中を進むようになります。右手に日光へ向かう日光例幣使街道が近づいてくると有名な杉並木も見えます。明神駅を過ぎると、40mほどの短いトンネルがあります。**東武鉄道唯一の地上線にあるトンネル**です。
　下今市駅で鬼怒川方面へ向かう鬼怒川線と分かれ、いよいよ東武日光駅に着きます。

昼間の特急は鬼怒川温泉行きが多いので下今市〜東武日光間は6050系の2両編成列車に乗り継いで日光を目指す。

POINT
全線複線電化の意気込み
路線を電化するには線路の上に架線を張り、変電所をいくつも設けるなど莫大な設備投資が必要です。複線も、単線の倍線路を敷くことになるため、運行回数の増加が見込めなければ採算が合わなくなってしまいます。いかに日光観光に力を入れていたのかが分かります。

用語解説
利根川橋梁
東武鉄道は日光線、伊勢崎線ともに利根川を渡っています。日光線の利根川橋梁は長さ637m、一方伊勢崎線の方は長さ639.4m（上り線）と若干長くなっています。

昼間、浅草駅と東武日光駅を乗り換えなしで行き来できるのは6050系の快速と区間快速のみです。

日光線途中の拠点駅、栃木駅の様子。浅草行きの特急「スペーシア」が到着しました。

Mini Column

割高なJRを利用する外国人

都内から日光への運賃＋特急料金は、東武線のみ利用の場合、浅草〜東武日光 運賃1360円＋特急料金1440円(土休日の場合)＝2800円。それに比べ東武JR直通特急は、新宿〜東武日光 運賃1940円＋特急料金2060円＝4000円になります。JRのみで宇都宮まで新幹線を利用した場合は、東京〜日光 運賃2590円＋特急料金2470円＝5060円です。このうち、料金が高く、乗り換えが必須であるにもかかわらず外国人旅行者に人気が高いのはJRです。その理由は、JRのみ有効の割引乗り放題切符「ジャパンレールパス」(外国人しか買えません)があるからです。なお、東武鉄道では外国人旅行者向けに「ALL NIKKO PASS」や「2 DAY NIKKO PASS」などが発売されています。

第2章 各路線の紹介

鬼怒川線

全線が日光市内にある観光路線

鬼怒川温泉駅付近を走る6050系。区間快速、新藤原行き。快速、区間快速に使用される車両です。

盲腸線から会津への新ルートへ

　鬼怒川線は下今市駅から分岐する日光線の支線的存在で、鬼怒川温泉という観光地を抱えながら、新藤原駅で行き止まりになる、いわば盲腸線でした。

　ところが1986年に**第3セクターの野岩鉄道会津鬼怒川線**が開業したことで、状況が大きく変わりました。野岩鉄道は北端の駅、会津高原尾瀬口駅（開業当時は会津高原、それ以前は会津滝ノ原）でJR会津線から第3セクターとなった**会津鉄道**ともつながり、JR只見線を介して会津地方の中心地、会津若松駅まで**直通運転**できるようになったのです。

　現在、定期の特急列車は鬼怒川線までしか運行されていませんが、浅草駅からの快速列車、区間快速が会津鉄道の会津田島駅まで運行しています。また、**AIZUマウントエクスプレス**が日光線の東武日光駅や鬼怒川線の鬼怒川温泉駅から会津若松駅まで、東武鉄

DATA

路線距離：16.2km
運行区間：下今市～新藤原
路線駅数：7駅
全線開通：1919年
運行車両：100系、300系、6050系、JR253系など

特急「スペーシア」（写真左）と会津鉄道ディーゼルカー（写真右）。鬼怒川温泉駅にて。

鬼怒川温泉

鬼怒川の渓谷沿いには大型ホテルや旅館が林立。観光地としては、高度成長期のころが一番賑わっていました。団体旅行客が減り、バブルが弾けた後は一時不振でしたが、東武JR直通特急の運転開始、東武ワールドスクウェアなどのテーマパークの開設などで、徐々に温泉地としてのにぎわいを取り戻しつつあるようです。

特急「スペーシア」の発着でにぎわう鬼怒川温泉駅。

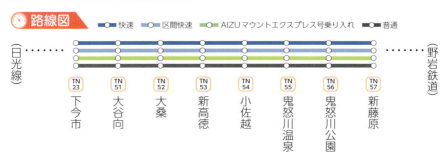

道線、野岩鉄道線、会津鉄道線、JR線を走る直通運転をしています。会津若松駅まで、JR線、会津鉄道、野岩鉄道、東武鉄道でそれぞれ直通運転しています。

鬼怒川温泉と東武ワールドスクウェア

鬼怒川線の小佐越駅を出た列車からは、右手に「**東武ワールドスクウェア**」が見えてきます。東武ワールドスクウェアへのアクセスは、小佐越駅から歩くと8分ほど、次の鬼怒川温泉駅からはバスが出ています。小佐越駅には特急が停車しないため、徒歩で向かう人は少ないようです。鬼怒川温泉駅は、この辺りの中心駅で、**特急のほとんどはこの駅が終点**です。新藤原駅はかつての終着駅でしたが、多くの列車は野岩鉄道に直通し、今は中間駅のような様子です。朝の上り特急が2本だけこの駅から始発で浅草駅へ向かいます。

用語解説

盲腸線
距離がそれほど長くなく、終点でほかの路線と接続していない行き止まりの路線。盲腸のように「あってもなくても困らない」と揶揄して用いる俗語です。

第3セクター鉄道
地方公共団体と民間企業が出資している鉄道会社。野岩鉄道の場合は、福島県、栃木県、日光市、東武鉄道などが出資しています。

豆知識

東武ワールドスクウェア
世界文化遺産登録の46物件を含め、合計102点の有名建築物を25分の1の縮尺で精巧に再現し、世界一周気分が楽しめるテーマパーク。東京スカイツリーは、約26mの高さで展示されています。

野岩鉄道、会津鉄道

近年生まれた会津若松への裏ルート

茅葺き屋根の駅舎で有名な湯野上温泉駅に到着した列車。

温泉地をつなぐ「ほっとスパ・ライン」

　新藤原駅から会津高原尾瀬口駅までは**野岩鉄道会津鬼怒川線**です。1986年開業と、比較的新しい路線なので、新幹線のようにトンネルや鉄橋が多く設けられた直線的な路線です。そのため、路盤の良さも相まった速いスピードの快適な旅が楽しめます。古き良きローカル線とは一線を画する近代的な雰囲気の鉄道です。

　沿線には**温泉**が多く、途中7駅のうち4駅が**温泉の字が入っている駅名**（川治温泉、湯西川温泉、中三依温泉、上三依塩原温泉口）で路線の愛称は**「ほっとスパ・ライン」**です。一方、人口が少ない地域を通っているので、地元の利用客は少なく、乗客は首都圏からの観光客がほとんどです。**開業当初から電化**された路線ですが、当時、第3セクター鉄道としては珍しいことでした。

DATA

野岩鉄道会津鬼怒川線
路線距離：30.7km
運行区間：新藤原〜会津高原尾瀬口
路線駅数：9駅
全線開通：1986年
運行車両：6050系、会津鉄道ディーゼルカー各種

💡 POINT

湯西川温泉駅
山岳トンネル内にホームがあり、地上に出ると駅舎は道の駅と一緒になっています。湯西川温泉へはバスで30分です。

温泉最寄り駅が多い野岩鉄道。

路線図（野岩鉄道）

新藤原　龍王峡　川治温泉　川治湯元　湯西川温泉　中三依温泉　上三依塩原温泉口　男鹿高原　会津高原尾瀬口

会津鉄道の名物観光列車、「お座トロ展望列車」

列車は、お座敷車両、トロッコ車両、展望車両というタイプの異なった車両3両で編成されています。眺望のいい鉄橋上で停車したり、トンネル内で乗客を驚かすアトラクションを行なったりと、飽きさせないイベントがぎっしり詰まっています。会津田島～会津若松を、土・日曜祝日を中心に1日1往復半、秋には平日にも運行されています。

路線図（会津鉄道）

この区間は、AIZUマウントエクスプレス号の停車駅のみ表示しています。

会津高原尾瀬口　七ヶ岳登山口　会津山村道場　会津荒海　中荒井　会津田島　会津下郷　塔のへつり　湯野上温泉　芦ノ牧温泉　西若松　七日町　会津若松　塩川　喜多方

 AIZUマウントエクスプレス号乗り入れ　━━ 普通

見どころが一杯の会津鉄道

　会津高原尾瀬口駅から北は**会津鉄道**の路線です。JR会津線を引き継いで1986年に設立された第3セクター鉄道で、野岩鉄道とは違って古びたローカル線でした。**単線非電化**で**ディーゼルカー**が走る路線でしたが、1990年に野岩鉄道と接続する会津高原尾瀬口～会津田島間15.4km（全体の4分の1強）が電化されました。これにより、浅草駅から直通の列車が走るようになり、飛躍的に便利な路線に変身しました。

　また、新しい駅がいくつも設置されたり、駅舎の改装や**お座トロ展望列車**の運行など、観光路線として積極的に売り出されています。沿線観光地としては、奇岩が連なる渓谷**「塔のへつり」**、大内宿の最寄り駅で茅葺き屋根の駅舎で有名になった湯野上温泉駅、ネコの駅長「ばす」で知られる芦ノ牧温泉駅、さらに列車の終着駅である会津若松駅も忘れてはなりません。

DATA

会津鉄道
路線距離：57.4km
運行区間：会津高原尾瀬口～西若松
路線駅数：21駅
全線開通：1927年（会津鉄道発足は1987年）
運行車両：6050系、ディーゼルカー各種

用語解説

塔のへつり
「へつり」とはこの地方の方言で川に迫った崖や急斜面のことで、塔が並んで立っているように見えます。国指定の天然記念物で、駅から歩いて3分の近さ。列車利用が便利です。

桐生線
首都圏への特急街道

赤城駅に到着した特急「りょうもう」。桐生線は、この特急列車が10往復以上走る重要路線です。

ルーツは軽便鉄道

伊勢崎線の太田駅から分岐して、桐生市を通り、みどり市の赤城駅に至る桐生線。もとは採掘した石材の運搬用に敷設していた**軽便鉄道**（人や客車や貨車を引く人車鉄道）でしたが、1913年に東武鉄道に買収されました。

桐生線は、**特急「りょうもう」**が頻繁に走る重要な路線です。太田駅から伊勢崎駅へ向かう特急「りょうもう」は夜間の1本だけ（伊勢崎駅から太田駅へ向かう特急「りょうもう」は朝の1本）ですが、太田駅から桐生線の赤城駅へはほぼ**1時間に1本**の頻度で走っています。この路線は、**東武鉄道の重要な幹線**といえるでしょう。

しかし、普通列車の本数は少なく、昼間は1時間に1本しかありません。ワンマン運転の2両編成で、一部を除き小泉線の東小泉駅まで直通運転しています。つまり、本線である伊勢崎線よりも、**小泉線からの直通列車**が多くなっています。

DATA
路線距離：20.3km
運行区間：太田〜赤城
路線駅数：7駅
全線開通：1932年
運行車両：8000系、200・250系

わたらせ渓谷鐵道（てつどう）への乗換駅、相老駅。

桐生線の普通列車は、小泉線から太田駅に到着する列車がそのまま直通して赤城駅へ向かいます。

Mini Column

東武鉄道・上毛電鉄の直通運転

桐生線の終点赤城駅は上毛電鉄との乗換駅。2社の線路は、かつて直通運転が行なわれていた名残からつながっています。1932～36年には太田～中央前橋の直通運転、1956～59年の浅草～中央前橋直通夜行、1956～63年の浅草～中央前橋直通急行がありましたが、利用客が少なく廃止されました。前橋～東京都内はJR（当時は国鉄）の方が速かったからです。東武鉄道の車両はパワーがあり、上毛電鉄の変電所に負担がかかったのも廃止の一因だったようです。

路線図

桐生線とJR両毛線の乗換駅はない

　太田駅を出た列車は、伊勢崎線と分かれて、しばらく高架区間を走った後、地上に降りてほぼ北へ向かって進みます。特急は藪塚駅に停まり、次は新桐生駅です。

　渡良瀬川を挟んだ対岸にはJR桐生駅がありますが、歩くと30分ほどかかります。とても乗り換えのできる距離とはいえません。それでも、東京へ向かうには必ず乗り換えが必要なJRに比べて**直通の特急が停車する**新桐生駅は便利なので、利用者は多いようです。

　新桐生駅の先で、桐生線はJR両毛線と交差しますが、駅はなく、乗り換えはできません。その後に**両毛線**と分かれてきた**わたらせ渓谷鐵道**と合流し、相老駅に至ります。わたらせ渓谷鐵道のトロッコ列車を利用する観光客は、ここで乗り換えです。相老駅の先では、桐生線は上毛電鉄と並走します。桐生球場の脇を通り、しばらく並走すると赤城駅に到着します。

豆知識

東京⇔桐生間の2つの鉄道移動方法

上野駅から新幹線で高崎駅に出て、両毛線に乗り換えると約1時間50分、自由席特急券込みで5000円弱。浅草駅から特急「りょうもう」利用なら乗り換えなしで1時間40分弱、特急券込みで2230円。断然、特急「りょうもう」がお得です。

用語解説

軽便鉄道

敷設するための費用を安く抑えた、小規模な鉄道。線路の幅が狭く、レールや車両も軽量のものが使用されています。

JR両毛線

新前橋駅(群馬県)と小山駅(栃木県)を結ぶJRの路線。列車は高崎駅と小山駅の間を走っています。前橋駅と小山駅の間は普通列車のみ。東武鉄道と乗り換えができるのは、伊勢崎線(伊勢崎線)、佐野線(佐野線)と栃木駅(日光線)の3駅です。

桐生線から乗り換える個性派鉄道
上毛電鉄＆わたらせ渓谷鐵道

上毛電鉄では、かつて東京の井の頭線で活躍したステンレス車両が使われています。

井の頭線を走っていた車両が上毛電鉄で活躍

　群馬県の2つの都市、前橋駅と桐生駅を結ぶ上毛電鉄。どちらの終着駅（中央前橋と西桐生）もJRの駅とは離れています。中央前橋駅とJR前橋駅はバス連絡があり、歩くと10分以上かかる距離です。

　列車は**700型**の2両編成。かつて、東京の井の頭線で使われていたステンレスカーです。利用者は多くないので、閑散時間帯に**車内への自転車の持ち込み**ができるほか、風鈴列車、あじさい列車、クリスマストレインなど車内に**季節感を感じさせる飾り付け**を施した列車が運転されています。

　車両基地のある大胡は、**旧式列車の保存やレトロな駅舎**があり鉄道ファンに人気のスポットです。

　終点の西桐生駅は古い洋風駅舎が注目を浴び、**関東の駅百選**に選定されるなど、一見の価値があります。

DATA
上毛電鉄
路線距離：25.4km
運行区間：中央前橋～西桐生
路線駅数：23駅
全線開通：1928年
運行車両：700型

豆知識
上毛電鉄700型
京王電鉄井の頭線から譲り受けた列車に、さまざまな改造が加えられた車両です。前面上半分のカラーは、井の頭線時代のままではなく、独自に塗り替えられたもので、全部で8色あります。

桐生線周辺の鉄道MAP

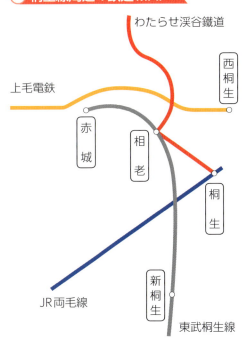

神戸駅のレストラン車両

わたらせ渓谷鐵道神戸駅構内の「レストラン清流」は、使われなくなった車体2両を利用した列車レストランです。車両は東武鉄道の1720系特急列車ＤＲＣ（デラックスロマンスカー）の中間車4号車と5号車。長らく青い色に塗られていましたが、2011年に現役時代のツートンカラーに戻されました。車内は、大きなテーブルが設けられた以外は現役時代のまま保存されています。

2種類あるトロッコ列車の一つ。JRから譲り受けたディーゼル機関車が、元JR12系客車とトロッコ車両を引っ張っています。

観光客に人気のわたらせ渓谷鐵道

　わたらせ渓谷鐵道は、国鉄足尾線を引き継いだ**第3セクター鉄道**です。過疎化と少子高齢化の影響で沿線の人口は減り、地域住民の利用は限られた状態です。

　一方で、かつては公害で汚れていた渡良瀬川は銅山廃鉱後、見違えるように綺麗になり、季節によって渓谷に観光客を呼べるようになりました。渓谷美を車内からも眺められるようにとJRから譲り受けたディーゼル機関車と客車を中心に編成した**「トロッコわたらせ渓谷号」**の運転を開始し、人気を博しました。近年、第2編成として**「トロッコわっしー号」**（新車）がデビュー、注目を浴びています。水沼駅併設の温泉、神戸駅の列車レストラン（東武鉄道の旧特急列車改造）など観光スポットにも事欠かず、訪れる観光客は増えています。都心から訪れるには、東武鉄道の特急「りょうもう」で相老駅まで行き、そこで乗り換えるのが一番便利です。

DATA

わたらせ渓谷鉄道
路線距離：44.1km
運行区間：桐生～間藤
路線駅数：17駅
全線開通：1914年
運行車両：WKT-500、510、550形、わ89-310形、DE10形

観光客に人気のわたらせ渓谷鐵道「トロッコわっしー号」。

合併・買収でつながるローカル線(1)
佐野線

館林に到着する佐野線の列車。3両編成のワンマン列車です。

館林駅から分岐する2つのローカル線

　伊勢崎線の館林駅からは、佐野線と小泉線の2つの支線が延びています。いずれも**各駅停車**の**ワンマン列車**で運行され、朝夕は1時間2本程度、昼間は1時間1本と本数は少なめです。**佐野線**は館林駅の東側、1番線に発着し、佐野駅を経て葛生駅まで延びています。3両編成のワンマン列車が主力ですが、夜の葛生行き、朝の浅草行きと1往復だけ特急「りょうもう」が走っています。**小泉線**はすべて各駅停車で、2両編成のワンマン車両での運行です。どちらの線も全線単線です。

貨物駅の名残が感じられる場所

　佐野線は、館林駅を出て数百メートル伊勢崎線と並走した後、大きく右にカーブします。
　渡瀬駅を発車してしばらくすると右に線路が数本並

DATA
路線距離：22.1km
運行区間：館林〜葛生
路線駅数：9駅
全線開通：1914年
運行車両：800型、850型、200型、250型など

佐野線の渡良瀬川橋梁。

佐野線の終点、葛生駅。かつて貨物列車でにぎわったことをしのぶ広大な敷地が広がります。

佐野線各駅の側線
佐野線ではかつて長大編成の貨物列車が運転されていたため、その名残を各駅で見つけることができます。例えば、館林駅の次の渡瀬駅。上り下りの列車がすれ違う線路以外にも長編成の貨物列車が待避できる線路があります。ほかの駅でも、すれ違いができる線路の長さはホームがないところまで延々と続いています。いくつかの駅では側線が残っていますが、もう使うことはないので分岐する部分が取り払われていて、列車が進入することはできません。

路線図

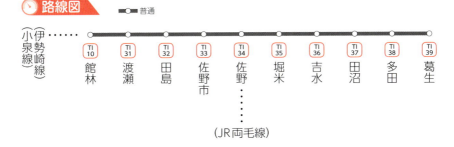

んだ場所が見えてきます。かつて**貨物駅**だった**北館林荷扱所**で、2003年まで東武鉄道で最後の貨物列車が発着していました。

渡良瀬川を渡り、**佐野厄除け大師**の最寄り駅の佐野市駅を過ぎると、JR両毛線をまたいで佐野駅に着きます。ここは両毛線との乗換駅であると同時に、**佐野線の上下列車の行き違い**が行なわれ、10分程度停車する列車もあります。佐野駅を出ると次第に山並みが迫り、秋山川を堀米駅の先と葛生駅の手前の2カ所で渡り、館林駅を出発してから40分ほどで終点の葛生駅に到着します。かつては**日本有数の貨物駅**で、今では広大な敷地に太陽光発電所が開設されています。

1986年以前、葛生駅の先は東武会沢線、東武大叶線、日鉄鉱業羽鶴専用鉄道という3つの**貨物専用線**が延びていて石灰、セメントなどを輸送していました。葛生駅から徒歩で行ける範囲には化石館、伝承館、美術館が建ち、鉱業で栄えたころとは一変しています。

用語解説
貨物駅
貨車の貨物を積み下ろしするための駅で、旅客列車用の駅とは別の場所に設けられているもの。

東武会沢線、東武大叶線
葛生駅から延びていた貨物専用線。会沢線は葛生〜上白石〜第三会沢の4.2km。大叶線は会沢線の上白石〜大叶の1.6km。大叶線全線と会沢線の一部は1986年廃止、残りも1997年に廃止されました。

豆知識
日鉄鉱業羽鶴専用鉄道のSL
1901年イギリス生まれのSL1080号機。元は幹線の急行列車牽引用でしたが、大改造を受け姿形を変えて構内入換用やローカル線で活躍しました。その後、民間で鉱山での貨物輸送に使用され、引退。現在は、京都の梅小路蒸気機関車館に保存されています。

合併・買収でつながるローカル線（2）
小泉線

館林駅の専用ホームに停車中の小泉線列車。2両編成のワンマン列車です。

日本でブラジルを感じられる！？

　館林駅4番線から発車する小泉線は、館林駅を出るとすぐに左へカーブしてほぼ西に向かって進みます。平坦な田畑の中を走っていきますが、ところどころ木々に囲まれた林を突っ切って進みます。4つ目の駅、東小泉駅で線路は**二手に分かれ**ます。

　直進する方は、小泉町駅に停まり、その次が終点西小泉駅です。ホーム1本の両側に線路がある**終端式の駅**ですが、かつてはさらに線路が続き、利根川土手近くまで延びていました。小泉町駅から先は、1939年に開業した仙石河岸線という貨物線で（西小泉駅は後からできました）、軍需工場の貨物を輸送していましたが、1976年に廃止されています。

　軍事輸送のために利根川対岸を走っていた東武熊谷線とつなぐ計画でしたが、終戦で工事は中断し、実現しませんでした。

DATA
路線距離：18.4km
運行区間：館林〜西小泉、太田〜東小泉
路線駅数：7駅
全線開通：1941年
運行車両：8000系

西小泉発の列車が東小泉駅に到着すると、ホーム向かいには太田方面行きが停車しており乗り換えができます。2つの列車はほぼ同時に発車します。

東小泉駅の分岐。左の路線を進むと西小泉駅、右の路線を進むと太田駅に着きます。

伊勢崎線と小泉線の関係

館林駅と太田駅は伊勢崎線では20.1km、小泉線経由では運賃計算上は同じ距離ですが、実際には16.2kmと短くなっています。しかし、足利市駅経由の伊勢崎線がメインルートとなっていて、特急「りょうもう」も伊勢崎線経由です。小泉線経由の場合は、東小泉駅で乗り換えが必要となり、接続時間もあって不便です。ただし、もしも館林～太田の直通列車が走ったとすれば伊勢崎線よりも短時間で到着できそうです。

路線図

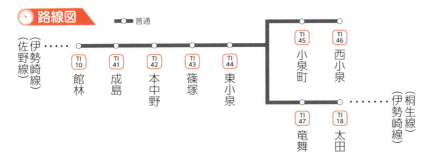

西小泉駅がある大泉町にはブラジル人が多く在住し、**「日本のブラジル」**と呼ばれるほど異国情緒が漂います。

東小泉駅乗り換えで太田駅へ

西小泉駅に着いた列車は、5分ほどで出発し折り返します。東小泉駅に着くと、ホームの反対側に太田方面へ向かう列車が待っています。乗り換えるとそれぞれの列車は、ほぼ同時に反対方向へ走り出します。

太田方面へ向かう列車は、西小泉駅へ向かう線路と分かれて右に大きくカーブします。竜舞駅に停車し、5分ほど走ると高架になり、館林駅で分かれた伊勢崎線と再び合流して太田駅に到着します。

太田駅に着いた列車は、昼間から夜にかけては駅でしばらく停車した後（10分ほど停車する列車が結構あります）、ほとんどは桐生線に乗り入れて赤城駅へ向かいます。

用語解説

貨物線

貨物列車専用の路線。旅客車は走らないので、一般にはその存在が知られていません。近年の貨物列車の大幅削減に伴い、廃止された貨物線は数限りなくあります。

豆知識

大泉町なのに小泉駅

群馬県邑楽郡（おうらぐん）大泉町には鉄道の駅が3つあります。いずれも東武小泉線の駅で東小泉駅、小泉町駅、西小泉駅。不思議なことに、大泉という駅は一つもありません。

POINT

埼群軌道新線

埼玉県東松山市から熊谷市を経由して群馬県太田市に至る鉄道路線構想。仙石河岸線、東武熊谷線が廃止となってしまったので実現の可能性はほとんどないようです。

地域輸送メインの路線
宇都宮線 (1)

おもちゃのまち駅に到着する宇都宮線の列車。東武宇都宮発栃木行き。

宇都宮と栃木を結ぶ最短ルート

　宇都宮線は、栃木県の県庁所在地**宇都宮市**と古都・**栃木市**を結ぶ路線として1931年8月に全線開業しました。当時、すでに国鉄東北本線や両毛線は開通していましたが、小山駅での乗り換えが必要でした。宇都宮市と栃木市を乗り換えなしの直通運転の最短ルートで結ぶ鉄道はなかったため、地元では大変歓迎されました。線形も急カーブが少なくて走行には申し分ないのですが、**全線単線**で地域の**通勤通学路線としての役割**がメインとなっています。

　東武宇都宮駅は、JR宇都宮駅とは1kmほど離れていますが繁華街にあり、駅ビルには東武百貨店が入っています。

　ローカル輸送が主体であるため、県庁所在地のターミナル駅としては小規模な、ホーム1面のみの駅となっています。

DATA
- 路線距離：24.3km
- 運行区間：新栃木～東武宇都宮
- 路線駅数：10駅
- 全線開通：1931年
- 運行車両：8000系、350型

東武宇都宮駅。

POINT
単線
上下線が共用の路線。列車がすれ違う際、駅や信号場で線路を増設する必要があるほか、列車の待ち合わせのため、所要時間が延びることになります。

350型特急「しもつけ」　　　　（東武鉄道提供）

Mini Column

東京〜宇都宮の運賃比較をしてみましょう。東北新幹線「やまびこ」では、所要時間49分、運賃1940円、自由席特急券2470円、合計4410円。在来線普通列車グリーン車（上野〜宇都宮）では、所要時間1時間53分、運賃1940円、グリーン券980円（平日事前料金）、合計2920円。特急「しもつけ」を利用すると（浅草〜東武宇都宮）1時間50分ほどかかりますが、運賃1200円、特急券820円、合計2020円です。価格面では東武鉄道が魅力的です。

路線図

（日光線）…　新栃木 TN12 — 野州平川 TN31 — 野州大塚 TN32 — 壬生 TN33 — 国谷 TN34 — おもちゃのまち TN35 — 安塚 TN36 — 西川田 TN37 — 江曽島 TN38 — 南宇都宮 TN39 — 東武宇都宮 TN40

━━ 普通

東武宇都宮線の優等列車

　かつては、浅草駅と東武宇都宮駅を結ぶ**優等列車**を終日運転していました。1964年の時刻表を見ると、昼間はほぼ1時間に1本、浅草駅と東武宇都宮駅を結ぶ直通列車が走り、ほかに日光・東武宇都宮行きや新鹿沼・東武宇都宮行きもありました。しかし、今は特急1往復を除いて、栃木〜東武宇都宮を往復する**ローカル列車**のみです。昼間は30分おきの運転で、地域輸送の役割を果たしています。

　1953年に初めて有料急行列車の運行を1往復開始しました。この列車は一旦廃止されましたが、1988年に**快速急行「しもつけ」**として運転を再開、後に急行に格上げされ、さらに2006年より特急になりました。朝は東武宇都宮発、夜は浅草発の1日1往復で通勤ライナー的列車ですが、宇都宮線の看板列車として活躍しています。

用語解説
線形
路線は起点から終点まで一直線ではなく、自然条件によりカーブや勾配があります。急カーブが連続したり、勾配がきついと速度も出ません。カーブがあっても緩やかで、勾配も少ない平坦な路線は「線形が良い」とされます。

豆知識
「しもつけ」とは？
「しもつけ」とは栃木県の旧国名、下野国に由来しています。全線栃木県下を走る東武宇都宮線の列車名としてふさわしいものといえるでしょう。

宇都宮線(2)

おもちゃのまちを経て東武宇都宮へ

駅名の頭につく「野州(やしゅう)」とは？

宇都宮線の列車の多くは、**日光線栃木駅**が始発駅です。**4両編成のワンマン列車**で、日光方面へ向かう列車が発着する3番線と同じホームの反対側2番線で発車を待っています。浅草方面からやってくる特急「スペーシア」は栃木駅に停車しますが、接続は良好です。

栃木駅を出た列車は、新栃木駅までは日光線を走ります。新栃木駅を出たら、車両基地の手前で大きく右へカーブして、宇都宮線に入ります。宇都宮線は単線ですが、**すべての駅で列車の行き違いができる**ようになっています。

野州平川駅、野州大塚駅と停車していきますが、駅名の頭についている「野州」とは何でしょう。これは、武蔵、下総、会津などと同じく旧国名で、栃木県の下野の別名です。壬生(みぶ)駅を過ぎた後は、国谷駅に停車。上下線のホームが対面ではなく離れているのは、かつて**タブレット交換**をしていたとき、この方が受け渡しの係員の歩く距離が短くて済んだからです。少し先の安塚駅も同様です。

玩具工場のある駅から県庁所在地へ

ひらがなの駅名の**おもちゃのまち**は、その名の通り玩具工場が多いことに由来しています。昼間にこの駅についた列車は上下列車の行き違いのため、数分停車します。現在、玩具工場は減ってしまいましたが、駅から歩いて数分のところに**バンダイミュージアム**があり、さまざまなおもちゃの展示を見ることができます。

宇都宮線は、江曽島駅と南宇都宮駅との間でJR**日光線**と交差しますが、駅からは離れているので乗り換えはできません。地元の大谷石でできた駅舎が目を引く南宇都宮駅を出ると、高架になって終点東武宇都宮駅に至ります。県庁所在地の駅ではありますが、ホームは1面だけしかありません。

おもちゃのまち駅前に展示されているSL。

🫛豆知識

おもちゃのまち駅前のSL

おもちゃのまち駅東口広場には5号蒸気機関車が静態展示されています。かつて東武鉄道で働いたこともあるSLで鉄道模型製作のTOMIXより寄贈されました。

野州がつく駅名

東武宇都宮線の野州平川駅、野州大塚駅のほか、同じ東武の伊勢崎線に野州山辺駅があります。すべて東武鉄道でJRにはないのが興味深いところです。

📖用語解説

タブレット交換

駅で列車のすれ違いが行なわれる単線区間では、タブレットと呼ばれる「通行手形」の受け渡しが行なわれます。タブレットを携帯していない運転士は駅を出発できないルールなので、これにより単線区間の列車同士の正面衝突を避けられます。タブレットは小さいので、これを収納した袋に大きなわっか状の取っ手をつけたもの(タブレット・キャリアー)を運転士から駅員、そして対向列車の運転士へと受け渡し、安全を確実なものとしています。

タブレット交換する運転士。

新栃木駅の北側にある車両基地への線路と分かれ、右へ進む宇都宮線。

 Mini Column

おもちゃのまち
バンダイミュージアム

おもちゃのまち駅から東へ徒歩7～8分のところに玩具メーカーバンダイが開設したミュージアムがあります。実物大ガンダムの胸像や国内のおもちゃ、人形、ゲームのほか、海外の巨大な機関車模型から懐かしの汽車、列車のおもちゃまで数多くの製品が展示されています。子供連れはもちろんのこと、大人1人で訪ねても童心に帰って楽しめます。

おもちゃのまちバンダイミュージアム。

ミュージアム内では、機関車模型などが展示されています。

第2章 各路線の紹介

都内にある由緒正しきローカル線(1)
大師線

大師前駅に到着する列車。2両編成のワンマンカー。

わずか1kmの路線に秘められた構想

　東武スカイツリーラインの**西新井駅から分岐**してわずか1km先の大師前駅で終点となってしまう大師線。**2両編成のワンマン列車**が、早朝と深夜を除いて10分ごとに行ったり来たりしています。

　西新井駅を出ると東武スカイツリーラインと分かれ、すぐに勾配を駆け上って高架線になり、あっという間に終点の大師前駅に到着です。**所要時間たったの2分**。西新井大師への足と聞けばなるほどと思いますが、なぜこんな短距離の鉄道ができたのでしょうか？

　当初の構想では、大師線はこれだけの鉄道で終わるはずではありませんでした。今でこそ大師線と名乗っていますが、元々は**西板線**として計画されました。西板の西は西新井で、板とは板橋を指します。大師線をそのまま延ばしていくと環七通りに沿って西進し、板橋にたどり着きます。そこには東上線が走っています。

DATA
路線距離：1.0km
運行区間：西新井～大師前
路線駅数：1駅
全線開通：1931年
運行車両：8000系

ホーム1面に線路1本という必要最低限の規模ながら、ドーム状の屋根で覆われ終着駅の風格漂う大師前駅。

西新井駅で東武スカイツリーラインから大師線に乗り換えるには必ず改札を通らなければなりません。

西新井駅で乗車券のチェックと精算を行なうので大師前駅では切符を購入する必要がありません。

実は、**伊勢崎線と東上線上板橋駅をつなぐ路線**として計画されていたのです。

関東大震災、昭和恐慌で新線は幻に

しかし、計画直後、関東大震災が起きました。新線建設どころではなくなり、社会が落ち着きを取り戻したころには、復興計画との関係、沿線開発が進んで線路敷設が困難になるなど、建設計画はやり直しを迫られ、結局、東側だけをまず造ることになりました。その後は大恐慌もあり、ついに大師前まで開通させたものの、西への延長は中止となってしまったのです。

震災がなかったら……。昭和初期の大恐慌がなかったら……。東武鉄道最短の路線は、23区北部の東西を結ぶ動脈として活況を呈していたのかもしれません。残念なことに、これが実現することはなさそうです。

 **Mini Column**

大師線と亀戸線の列車は、ともに8000系ワンマン仕様の2両編成という共通点がありますが、実際に列車も共用しています。亀戸線の列車は朝のラッシュアワーが終わると余機なので、亀戸駅で待機した後、曳舟駅から東武スカイツリーラインを回送列車として走り、西新井駅に向かいます。西新井駅に到着後、大師線の列車と交代。大師線を走っていた列車は、北春日部の車両基地へ移動し、お休みとなります。

路線図 ━━ 普通

(東武スカイツリーライン) ‥‥ ○━━━━━━━━━━○
　　　　　　　　　　　　　TS13　　　　　　TS51
　　　　　　　　　　　　　西新井　　　　　大師前

用語解説
ワンマン列車
車掌なしで、運転士のみという乗務員1人（ワンマン）で運行する列車。運転士は運転、ドアの開け閉め、ホームの安全確認も担当します。車内案内は、自動放送です。

豆知識
西新井大師
正式名称は總持寺（そうじじ）。真言宗豊山派の寺で、川崎大師などとともに関東三大師の一つとして、初詣などで賑わいます。とくに厄除け祈願で有名です。大師前駅から徒歩1分です。

西板線
計画では大師前のほか、鹿浜、神谷、板橋上宿の駅が予定され、東上線上板橋とを結ぶことになっていました。このルートに近い鉄道は、以後できることはありませんでした。

都内にある由緒正しきローカル線(2)
亀戸線

亀戸駅に到着する2両編成のワンマン列車。

始発駅をめぐる亀戸線の秘密

　東武スカイツリーラインの曳舟駅と亀戸駅を結ぶ、4駅、3.4kmの亀戸線。亀戸駅はにぎやかではありますが、ここが**始発駅**であるのはなぜでしょうか？

　東武スカイツリーラインの都心の始発は**浅草駅**ですが、当初はなかなか決まりませんでした。隅田川を渡ることが当時の技術では容易ではなかったので、はじめは**吾妻橋駅**（現・とうきょうスカイツリー駅）を始発駅にしていたのです。加えて、曳舟から南下して亀戸に至り、さらに南の越中島、新橋へと路線延長を考えていました。しかし、諸般の事情からとりあえず亀戸まで路線を延ばし、総武鉄道（現・JR総武線）に乗り入れて**両国橋駅**（現・JR両国駅）を始発としました。

　何とか始発駅を確保したものの、総武鉄道が国有化され、越中島方面は市街地化が進んで計画の変更がなされ、実現できませんでした。そこで自前の始発駅を

DATA
路線距離：3.4km
運行区間：曳舟〜亀戸
路線駅数：4駅
全線開通：1904年
運行車両：8000系

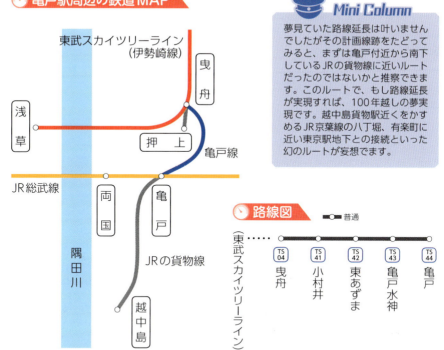

浅草が始発駅に

　1910年に**東武鉄道の本線**は再び曳舟駅から吾妻橋駅へ変更となり、吾妻橋駅はその後、浅草駅と改称、さらには待望の隅田川に鉄橋が架けられ、現在の姿となりました。元々は本線だった曳舟〜亀戸間は、こうして**支線へ格下げ**となり、亀戸線と呼ばれるようになりました。

　亀戸線は、支線でありながら東武線から総武線経由で**都心にアクセス**する重要な路線でしたが、地下鉄日比谷線、後に半蔵門線が開業し、地域の通勤・通学路線としての役割となりました。今では、**下町のローカル線**として曳舟〜亀戸の区間運転のみ行なわれています。昼間は10分ごとの運転ながら、2両編成のワンマン列車です。

POINT
支線への格下げ
東武鉄道では宇都宮線もかつては浅草と宇都宮を結ぶ重要ルートの一部でしたが、現在は1往復の特急を除いて区間輸送ばかりです。

用語解説
都心へのアクセス線
関東の私鉄は、山手線の内側へ乗り入れるのが長年の夢でした。東武鉄道も浅草より少しでも都心へ向かうべく努めてきました。自前の線路こそ敷けませんでしたが、地下鉄乗り入れという形で夢が実現できたといえます。

東武ナンバー3の期待の星
野田線（東武アーバンパークライン）(1)

野田線の看板車両となる新型60000系。車体前部やサイドに路線愛称ロゴが記されている。古利根川橋梁にて。

醤油輸送から通勤路線への大変身

　野田線（東武アーバンパークライン）は、大宮（埼玉県）から春日部、野田、柏を経由して船橋（千葉県）に至る長大な路線です。首都圏では東京都心を目指す路線が圧倒的に多い中、首都圏の**周辺を走る路線**で、JR武蔵野線の外側を東半分の区間、同心円状に結んでいます。

　元々は、野田で作られる醤油を輸送するために野田と柏の間を結ぶ**千葉県営軽便鉄道**として1911年に開業しました。その後、**北総鉄道**（現在の北総鉄道とは無関係）となり、路線を延長し、総武鉄道（現在の総武線の前身だった鉄道とは別会社）と改称。そして1944年に東武鉄道に吸収合併され、東武野田線となりました。

　首都圏を目指す路線ではないため、乗客は多くなく、近代化も遅れていました。しかし、高度経済成長によ

DATA
路線距離：62.7km
運行区間：大宮〜船橋
路線駅数：34駅
全線開通：1930年
運行車両：60000系、10030型、8000系など

春日部駅付近を走行する8000系。

り野田線沿線にまで宅地開発が及ぶようになると、次第に**通勤通学路線**として重要な位置を占めるようになりました。列車本数が増えるにつれて、複線化される区間も増え、今では**路線全体のおよそ3分の2**が複線となっています。

2016年から急行列車も運転開始

　路線の性格上、長い距離を乗り通す乗客は少なく、大宮駅、春日部駅、流山おおたかの森駅、柏駅、新鎌ヶ谷駅、船橋駅で他線に乗り換えて都心へ向かう乗客が多くなっています。

　こうした事情から通過駅のある優等列車はほとんど運転されず、各駅に停車する普通列車の運転が中心でした。しかし、**2016年からは大宮から春日部間で急行列車の運転が開始**されるなど、近年は優等列車の需要が高まっています。

用語解説
移籍車両
ある路線で使っていた車両が新車投入によりほかの路線に異動すること。移籍車両ばかりだと、あまり重要視されていない路線なのでは？と沿線住民が不安に思ってしまいます。久々の新車導入が大喜びされたのもうなずけます。

豆知識
野田線の貨物列車
醤油輸送のために造られた鉄道ということで、野田市から柏へやってきた貨車は常磐線に乗り入れ、全国各地へと輸送されました。しかし、1984年に廃止されました。

都市を経由し公園のある街をつなぐ
野田線（東武アーバンパークライン）(2)

愛称で親しまれる路線

　2013年の新型車両60000系の導入を契機に、東武鉄道は野田線の魅力を高め、首都圏の利用客により一層親しみを持ってもらうために2014年4月から路線愛称を「東武アーバンパークライン」にしました。

　アーバンは都市、パークは公園という意味。野田線沿線には、大宮・春日部・野田・柏・船橋などの都市と、大宮公園・岩槻城址公園・清水公園・柏の葉公園などの公園がたくさんあります。**「都市間輸送を担う路線」**と**「憩いある住みやすい路線」**の意味を兼ね備えた愛称です。

沿線の表情を変えつつ柏、船橋へ

　大宮駅を出た列車は、大宮公園の脇をかすめ、人形の街・岩槻へと向かいます。この先、東武スカイツリーラインとの乗換駅である春日部駅までは**複線**です。大宮駅からは運転本数は非常に少ないものの土曜日を中心に**臨時特急スカイツリートレイン**も運転されています。これに乗ると、大宮駅からとうきょうスカイツリー駅や浅草駅へ直行できます。

　春日部駅を出た列車は、清水公園駅、野田市駅を経由して柏駅に着きます。この区間にはまだ単線区間が残り、住宅地が増えたとはいえ、のどかな風景もところどころに残っています。**大落古利根川、中川、江戸川、利根運河**を渡るいくつもの鉄橋を通過します。

　柏駅は終端式の駅なので、船橋方向に向かう列車はスイッチバックをしなければなりません。昼間の列車は柏駅が終点となり、柏で**スイッチバック**を行なって進行方向を変えて直通する列車は、朝と深夜のごく一部です。大宮〜柏間と柏〜船橋間は沿線の雰囲気が異なるので、直通列車で全線乗ればその違いを楽しむことができます。

まだまだ単線区間の残る野田線。藤の牛島付近。

用語解説
スイッチバック
急勾配を緩和するため、列車がジグザグに進むように配置された線路、あるいは都市部などで市街地の都合により、真っすぐに通り抜けができず、進行方向を変えて進むよう敷かれた線路のことです。

伊勢崎線、日光線から移籍した10030型は60000系と同じ青色と緑色のラインに変わり、爽やかな印象となりました。

鉄橋を走る60000系列車。

> **Mini Column**
>
> **東武アーバンパークラインを走るスカイツリートレイン**
>
> 通勤型車両主体の中で、異彩を放っているのが大宮駅から浅草駅に向かうスカイツリートレイン。土曜日を中心に運転されています。大宮駅を発車すると、野田線内はノンストップで春日部駅から伊勢崎線に入り、北千住駅、とうきょうスカイツリー駅と停車し、浅草駅に到着します。

第2章 各路線の紹介

野田線各駅の駅名標には、右上に東武アーバンパークラインのロゴが入っています。

野田線発祥の駅は、野田ではなく野田市。路線略号はTD。

東京と上州をつなぐ壮大な計画から誕生
東上線(1)

東上線の始発駅は池袋駅。ここから埼玉県西部に路線が延びています。

壮大な計画だった東上線

　2014年5月1日に**開業100周年**を迎えた東上線。支線の越生線とともに、ほかの東武線とは**線路がつながっていない**独自の路線です。

　地図で路線図を見ると池袋駅から北西の方向に線路が延びているので東上という名称には違和感があるかもしれません。しかし、東上というのは方角ではなく、東京と上州を結ぶという壮大な計画のもとに誕生した鉄道なのです。さらには、上州から新潟方面へという構想さえありました。ですから、現在の寄居駅が終点というのは、仮の姿であり、とりあえずの終着駅であるのかもしれません。

　東上鉄道として産声を上げた鉄道会社は、わずか6年後の1920年には**東武鉄道と合併**し、今のように東上線となりました。当初は伊勢崎線と東上線をつなぐ西板線の計画もありましたが、諸般の事情により断念

DATA
路線距離：75.0km
運行区間：池袋〜寄居
路線駅数：38駅
全線開通：1925年
運行車両：10000系、30000系、50000型など

2014年5月1日池袋駅で行なわれた、開業100周年記念セレモニー。

Mini Column

東上線が全国区になったドラマ

NHK朝の連続ドラマ「あまちゃん」(2013年)に登場する架空の埼玉県出身アイドル入間しおりが、自己紹介で「今日も東武東上線に乗って元気いっぱい」と埼玉県の寄居方面から都心に通っていることを話していました。首都圏以外では、ややローカルな存在だった東上線や埼玉県のアピールに一役買ったとして、埼玉県知事から、同役の女優・松岡茉優が表彰されました。

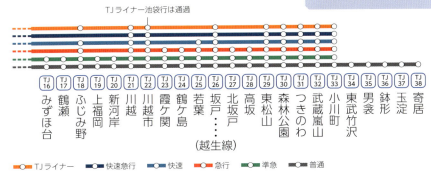

(P.49参照)。結局、現在のような起点の違う路線として歩みを進めることになりました。

同じ東武鉄道でも、伊勢崎線などとは**隣駅案内標の色が異なり**、東上線沿線のみの情報誌が発行されているなど、東上線ならではの特色があります。

幻となった支線

東上線には、坂戸駅から分岐する**越生線**という支線が一つだけあります。しかし、かつてはいくつもの支線がありました。第二次大戦終了後に誕生した**啓志線**は、上板橋駅から今の光が丘団地付近まで延びていました。進駐軍の住宅地グラントハイツがあり、その輸送のために急遽造られた支線でした (1959年廃止)。また、小川町駅から**根古屋線**という貨物専用の支線が分かれていましたが、石灰石が枯渇したとの理由で、1967年に廃止されました。

豆知識

東上線の終着駅

計画では、当面の終点は渋川(群馬県)でしたが、ゆくゆくは長岡(新潟県)までの延伸を考えていたようです。現在は寄居駅が終点です。寄居駅からJR八高線、上越線に乗り継げば渋川へ行くことができます。

用語解説

東武啓志線

啓志という名称は地名ではなく、目的地のグラントハイツ建設の総責任者ケーシー中尉に由来します。残っていれば、光が丘へのアクセス線として機能したことでしょう。

100年の間に通勤路線として大躍進
東上線(2)

地下鉄乗り入れで直通運転は長大に

　1987年8月、東上線で新たな歴史が始まりました。地下鉄有楽町線が和光市まで延長され、東上線との**相互直通運転**が始まったのです。その後、2008年に東京メトロ副都心線が開業し、相互直通運転は東上線森林公園～新木場間に続いて、渋谷駅まで拡大されました。続いて、2013年に副都心線と東急東横線がつながったことで、東上線内からみなとみらい線の元町・中華街駅までの長大な直通運転が開始されることになりました。

　東急東横線の中目黒駅では、**東上線の列車と東武スカイツリーラインから東京メトロ日比谷線経由の東武鉄道の列車が同じホームの両側に並ぶ**こともあり、離ればなれだった東上線と伊勢崎線が場所を変えてつながったとも言えます。

住宅地を走り抜ける東上線

　東上線の起点である池袋駅を出た列車は、しばらくは**JR埼京線と並走**し、北池袋駅を過ぎるとJRと分かれて豊島区、そして板橋区の住宅密集地帯を走り抜けます。

　成増駅を過ぎると、沿線は下町の雰囲気から郊外の住宅地へと変わります。地上に現れた**東京メトロ有楽町線**としばらく並走した後、立体交差して有楽町線が東上線の間に挟まれると和光市駅に到着。ここからは、複々線となり、志木駅まで続きます。

　志木駅の先では、ところどころで沿線に田畑が広がるものの長くは続かず、周囲は一戸建てやマンションが連なる郊外の住宅地に。東上線に観光色の強い列車がないのも、こうした沿線の様子を見れば納得できるでしょう。

　JR埼京線が乗り入れている川越線と合流すると川越に着きます。その先は、少し離れたところに本川越が位置する西武新宿線をまたぎ、川越市駅に停車します。当駅が終点となる列車があり、この先は列車本数が少なくなります。

池袋駅に到着した東上線開業100周年記念の特別編成列車。

豆知識

相互直通運転

少なくとも2社以上の鉄道会社が自社の車両を他社の決められた区間まで直通運転する方式。東上線の場合、東武鉄道の車両は東京メトロ有楽町線の新木場、東急東横線方面は、元町・中華街駅まで乗り入れています。一方、東京メトロや東急電鉄、横浜高速鉄道は、東上線志木駅や森林公園駅まで乗り入れています。

下板橋駅は板橋区？

東上線には下板橋、中板橋、上板橋という3つの駅がありますが、下板橋駅は豊島区にあります。また、東武練馬駅は練馬区ではなく、板橋区にあります。

POINT

複々線区間は、下赤塚から？

東上線と東京メトロ有楽町線・副都心線は、成増駅の先で地上に現れて並走し、東上線は和光市駅から複々線になります。実際は2つ手前の下赤塚駅付近から並走していますが、有楽町線・副都心線は地下を走るためその姿は見えず、駅名も異なっています。

10000系と並び活躍する50000型。みずほ台を通過する急行池袋行き。

東上線を走る東京メトロ7000系。新木場行きとして有楽町線を通過します。

> ### Mini Column
>
> **東上線を走る他社車両**
>
> 東京メトロは、7000系と10000系の車両を有楽町線、副都心線から東上線に乗り入れています。東急東横線を走っている5000系と5050系は、副都心線を介して東上線に乗り入れ、みなとみらい線を運営する横浜高速鉄道Y500系も志木まで乗り入れています。一方、西武鉄道の車両は和光市で東武鉄道の車両と顔を合わせるものの、東上線内を走ることはありません。

第2章 各路線の紹介

下板橋駅は板橋区ではなく豊島区にあります。

のどかな路線区間も持つ
東上線（3）

森林公園駅にある大きな車両基地

　川越市駅から寄居駅方面は、急行は各駅に停車し、快速は若葉駅、坂戸駅、東松山駅と停まり、その先は各駅に停まります。

　川越市街を抜けた列車は、広々とした田園地帯を駆け抜け、入間川を渡り、再び住宅密集地の中を走ります。坂戸駅で**越生線が分岐**し、東上線は大きく右にカーブして北に伸びています。

　森林公園駅には大きな**車両基地**があり、ここでさらに運転本数が減ります。昼間は1時間に3本のみの運転です。

　2002年3月に開業したつきのわ駅は**東上線で一番新しい駅**で、周りは新興住宅地になっています。次の武蔵嵐山駅は、京都の嵐山をほうふつとさせる渓谷の情景から命名されました。ただし、「あらしやま」ではなく「らんざん」と読みます。この先の**嵐山信号場**までが池袋駅から続いてきた複線区間の終点で、その先は単線となり、池袋発の列車の終着駅である小川町に到着します。

小川町駅の先は、まるで別の路線

　小川町駅から寄居駅までは、同じ東上線でも別の路線のようです。昼間は30分おきのダイヤで、4両編成のワンマン列車。池袋駅から10両編成の快速や急行に乗ってくると、**ローカル色豊かな鉄道**に様変わりするのを目の当たりにして驚くことでしょう。隣にはJR八高線のホームがありますが、たまに**ディーゼルカー**が到着するなど、都心とは違った空気が流れています。

　小川町駅を出た列車は、八高線をまたいで丘陵地帯をカーブしながら進みます。男衾駅、鉢形駅、玉淀駅を過ぎ、再び八高線と出会うと寄居駅に到着です。

POINT
東武鉄道の新しい駅
東上線のつきのわ駅以外には、野田線の流山おおたかの森駅（2005年8月開業）があります。東京メトロ半蔵門線と接続する押上駅は2003年開業と新しいですが、東京メトロが管轄しています。

用語解説
ディーゼルカー
軽油を燃料としてディーゼルエンジンで走行する鉄道車両。列車ではなく、気動車ともいいます。東武鉄道内では、会津鉄道から乗り入れてくる「AIZUマウントエクスプレス」が唯一のディーゼルカーです。

豆知識
JR八高線
八王子と高崎の一つ手前の倉賀野とを結ぶローカル線。東武鉄道とは越生駅、小川町駅、寄居駅で連絡しています。この3つの駅を行き来するなら東武線利用の方が断然便利です。

急行森林公園行き。坂戸にて。

池袋駅での東上線発車案内板、森林公園行き、小川町行き、川越市行きとあるが寄居行きはありません。

寄居駅の改札口。東上線、JR八高線、秩父鉄道と3社共用です。

Mini Column

秩父鉄道との直通運転

寄居駅では、八高線のみならず秩父鉄道とも接続しています。かつては池袋発の東上線列車が寄居経由で秩父鉄道にも乗り入れていました。「みつみね」「ながとろ」などの愛称を付け、通勤型車両ながらヘッドマークを掲げての運転でした。行楽列車として人気がありましたが、秩父鉄道がATSを導入し、そのATSが東武鉄道と互換性がないといった理由により、今では乗り入れは行なわれていません。

第2章　各路線の紹介

坂戸から梅園で有名な越生へ向かう
越生線

越生線の越生発、坂戸行き。

東上線唯一の支線・越生線

　越生線は、東上線の坂戸から枝分かれして、JR八高線が接続する越生駅までをつなぐ路線で、**東上線唯一の支線**です。武州長瀬～東毛呂間を除いて単線となっており、**4両編成の列車**が**ワンマン運転**で走っています。

　沿線は緑豊かな田園地帯ですが、宅地開発が進んでいます。加えて大学や高校が多く、一日を通して学生の利用が多くなっています。したがって、同じワンマン運転でも昼間は、東上線小川町～寄居間よりも多い1時間4本運転です。

　定期列車としての東上線との直通運転はなく、**線内折り返し列車**のみです。しかし、東上線と一体感があり、駅ナンバリングの略号は東上線と同じく**TJ**、池袋駅から寄居駅までTJ01～38に続いて、一本松駅のTJ41から始まり越生駅のTJ47で終わっています。

DATA
路線距離：10.9km
運行区間：坂戸～越生
路線駅数：7駅
全線開通：1934年
運行車両：8000系

💡 POINT
駅ナンバリングの略号
東武スカイツリーラインはTS、東武日光線はTN、東武東上線はTJと路線ごとに決められていますが、支線は主要路線と共用で、越生線も東上線のTJを用い、TJ41からTJ47までが割り当てられています。

越生線を走るリバイバル塗装車。ロイヤルベージュとインターナショナルオレンジのツートンカラー編成。

Mini Column

東上線100周年記念列車

一世を風靡(ふうび)したリバイバル塗装の8000系列車が、東上線100周年を記念して走っています。セイジクリーム一色の編成とロイヤルベージュとインターナショナルオレンジのツートンカラーの編成です。ともに4両編成ワンマン車両なので、越生線あるいは東上線小川町～寄居どちらかの区間で走っています。日によって運行ダイヤは変わるので、出かけてみてのお楽しみといえるでしょう。

路線図

(東上線)……TJ26 坂戸 — TJ41 一本松 — TJ42 西大家 — TJ43 川角 — TJ44 武州長瀬 — TJ45 東毛呂 — TJ46 武州唐沢 — TJ47 越生……(JR八高線)

普通

多くの学生に利用される路線

　坂戸駅を出発した列車は、左へ大きくカーブし、ほぼ一直線に走って一本松駅に停まります。次の西大家駅を過ぎると高校の脇を通りますが、この辺りに半世紀以上も前に廃止になった**貨物専用の森戸駅**がありました。

　その先は、高麗川を渡ると川角駅に到着。周辺には複数の大学や中学、高校があり、いつも若者でにぎわっています。次の武州長瀬駅は駅前ロータリーのある立派な駅で、その次の東毛呂駅との間は複線です。東毛呂駅に対し毛呂駅はJR八高線の駅ですが、歩くと15分ほど離れたところにあります。

　その次の武州唐沢駅から越生駅に向かう線路では、左方から**JR八高線**の単線の線路が近づいてきて、並走を始めます。どちらも単線ですが、越生線は頭上に架線が張ってあるのに対し八高線は非電化で架線がありません。線路はしばらく並んで走りそのまま越生駅に続きます。

豆知識

越生駅で降りるには

越生駅はJRが管理しています。越生線からICカードを使って降りるときは、連絡通路にある機器に1回タッチし、駅舎にあるJR用の機器にもう一度タッチするという手順で下車します。

用語解説

貨物専用駅

貨物列車専用の駅で、旅客列車は停車せず、もちろん乗客が乗り降りすることも立ち入ることもできません。貨物列車がすべて廃止となった東武鉄道には、もはや貨物専用駅はありません。

第 **3** 章

車両・列車のしくみ

東武鉄道の魅力の一つに車両のラインアップの豊富さがあります。走行線区や用途に応じて、さまざまなタイプの車両が運行されており、デザインから性能まで実にバラエティーに富んでいます。そんな個性あふれる東武鉄道の車両の魅力を新旧織り交ぜて紹介していきます。

東武鉄道の最大の魅力
多彩なラインアップを誇る車両

豊富な車種で人気の高い東武鉄道の車両。

フラッグシップの特急列車

　普段、何気なく利用する列車は、興味を持たないとみな同じに見えるかもしれませんが、実際は走行する路線や用途により、各部のスペックが異なります。東武鉄道の場合、すべての路線で**軌間は1067mm**、**電源は直流1500V**に統一されているので、車両の最も基本となる要素は共通です。しかし、東日本で最大の路線網を持つ私鉄だけに、それ以外のさまざまな部分については異なる車両がラインアップされています。

　まず、特急列車。車内は**座席がゆったりと配置**され、**出入口が少なくドアが片開き**なのが特徴です。同じ特急でも、国際的な観光地日光方面へ行くものは**流線型スタイル**で車内も豪華なのに対し、ビジネス客が主体の伊勢崎線の特急は外観も車内も**実用性重視**というスタイルです。また、最近は東京スカイツリーにちなみ、**より観光用に特化した車両**も登場しています。

用語解説

軌間

線路に敷かれた左右2本のレールの間隔を軌間といいます。JRの在来線や多くの私鉄は1067mmですが、新幹線や京浜急行が1435mm、井の頭線を除く京王電鉄が1372mmであるなど、例外も多くあります。

POINT

電源

架線から車両に供給される電源には、直流と交流という電圧のバリエーションがあります。また交流には周波数の違いもあります。東武鉄道はすべて直流1500Vです。

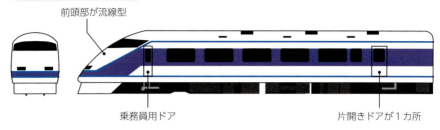

100系(特急用)
前頭部が流線型
乗務員用ドア
片開きドアが1カ所

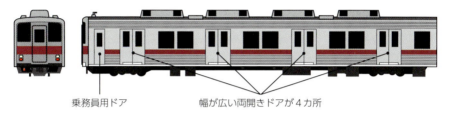

10000系(一般用)
乗務員用ドア
幅が広い両開きドアが4カ所

走行線区や用途に応じたスペック

　一般の列車に使われる車両は、駅での乗降をスムーズにするとともに、立席を含めた定員を多くするため、開口部が広い**両開きのドアが多く配置**され、**座席はロングシート**です。大部分は車体の長さが**20m前後**で、ドアは1両当たり片側に4つあります。

　地下鉄や私鉄路線への乗り入れに使われる車両は、相手先の路線と共通のスペックにしなければなりません。**車体のサイズ**、**ドアの位置**、**性能**、**保安装置**、**運転台の機器**などがその対象です。東京メトロ日比谷線との乗り入れには特殊な規格があり、車体の長さは**18m**、ドアは両開きで1両当たり**片側に3つ**となるものもあります。東上線の「TJライナー」には、**両開き4ドア**ながら**座席をクロスシート**に転換可能な車両が使用されています。これも、多数の路線を持つ東武鉄道らしい、ユニークな特徴です。

> **豆知識**
>
> 特急
> 乗車券と別に料金を徴収する特急は、関東地方の私鉄では東武鉄道のほかに西武鉄道と小田急電鉄と京成電鉄に例があり、いずれも自社のイメージリーダーとなる車両が使用されています。

進化と安定の両立
既存技術とコンポーネントの活用

安全・信頼性の保持と新技術導入に向けた取り組み

　鉄道車両は新しい技術を導入することで、利用者に好印象を与えるほか、性能の向上で**輸送力アップ**や**消費電力節減**なども実現します。しかし、やみくもに新しいものを採用すると、運転やメンテナンスの方法で異なる点が多数生じ、人員の習熟や部品の入手などが煩雑になります。また、開発されたばかりの新しい技術を一気に展開するより、従来からの**実績のあるメカニズムとしばらく共存させる**のも、安全で信頼性の高い公共交通機関を維持するために重要です。

　東武鉄道の場合は車両の種類も数も多いため、新型車両の開発や導入には多くの時間とコストがかかります。

　そこで、既存の車両やそのコンポーネント（構成部品）を巧みに活用した**新形式**も登場しています。

リニューアルと部品の流用

　東武鉄道で行なわれている既存車両の有効活用の一つに、**更新**（主要部分は流用して、車体を新造する）という方法があります。塗装を新たにすることで、イメージが一新されます。**300型**、**350型**がその代表例です。

　東武鉄道では車体を新規で製作したうえで、**走行機能に関するコンポーネントを既存の車両から転用する**ことも行なわれています。利用者には完全な新車と同等のサービスが提供され、運転やメンテナンスはほぼ従来通りという、大変扱いやすいものです。このパターンの代表例が**特急「りょうもう」**で活躍中の**200型**です。増備の過程で同等の車体のまま走行系の機器類も新製し、**VVVFインバータ制御**を採用した**250型**もあります。このように段階的に新しいものが導入されているのです。

> **豆知識**
>
> **共通の部品**
> 運転やメンテナンスに際し、部品が共通であることには多くのメリットがあります。東武鉄道はかつて8000系を700両あまり量産し、大きな効果を上げました。
>
> **車種をまたぐ共通化**
> 部品の共通化は、全く性格の異なる車両の間でも行なわれています。例えば、元急行「りょうもう」用の1800系の走行関係の機器類の多くは、通勤列車8000系に準じたものです。

> **用語解説**
>
> **VVVFインバータ制御**
> 列車の加速力や速度に応じて電圧や周波数を自由に変化させることで、モーターを効率よく動かす装置です。これにより、省エネやメンテナンスの簡素化、乗り心地の良さなどが実現されています。

🕐 6000系と6050系の例

6000系(写真上)の床下のコンポーネントを利用して、新設計の車体と組み合わせて6050系6151〜6172編成(写真下)が製造されました。

🕐 コンポーネントの転用

● 6000系

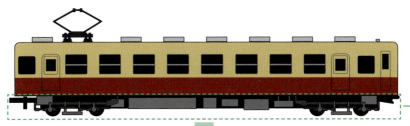

車体は新製

● 6050系(6151〜6172編成)

床より下のコンポーネントを転用

継承されているアイデンティティー
列車の「顔」に見る東武らしさ

貫通ドアがある前面

　東武鉄道の列車のうち、特急やかつての急行「りょうもう」用の車両は、流麗かつ個性的なスタイルですが、それ以外の一般用のものは実用性を重視して造られています。

　列車の「顔」に当たる前面については、1961年登場の**2000系**で、「東武顔」ともいえるパターンが確立されました。**中央に貫通ドア**があり、**窓は左右対称**、**ライトは窓より下**に配置、**貫通ドアの上に表示窓**、というものです。取り立てて個性的というわけではないですが、高い機能性を持っています。

　その後、8000系では向かって左の窓の上、6000系では左右両方の窓の上にも表示窓が追加され、「東武顔」が熟成されました。特に8000系は長期間にわたり大量に製造されたうえ各線で活躍してきたので、イメージが強く定着しています。

ステンレス車にも波及した顔

　9000系からのステンレス車やアルミ車の世代になると、**前面が非貫通**あるいは、**中心からずれた位置に非常口を持つもの**も出現します。この場合は「東武顔」になりませんが、ライトが下にあり、窓の上に表示窓を備えるところは共通です。10000系や30000系は貫通ドアが中央にあり、「東武顔」の面影が感じられます。また、本家の8000系は後の更新で前面のデザインが変わりますが、ライトや左右の窓の位置に従前の要素が健在です。

　内装に関しては、特急用や観光用、そして「TJライナー用」の車両などには個性がありますが、一般用車両は他社と際立った違いはありません。そのうえで、**車椅子スペース**を設置したり、**床の高さ**をホームに合わせたりと、**バリアフリー化**が進んでいます。

豆知識

車椅子スペース
東武鉄道ではバリアフリー化の一環として、車両への車椅子スペース設置が積極的に進められています。

鉄道のバリアフリー
鉄道車両のバリアフリー化として、長い実績があるのが優先席です。東武鉄道では、一般用の全車両で優先席が設置されています。

POINT

ステンレス車のカラー
東武鉄道初のステンレス車9000系では、前面の窓の下にイメージカラーの帯が付けられました。以来、一般用のステンレス車とアルミ車の前面では、窓の下にカラーが配されています。

東武鉄道の列車の前面デザイン

2000系が「東武顔」の基本となり、貫通ドア、窓、ライト、表示器の配置に共通の要素を持ちながら、その後数々の新しい列車が登場しました。

2000系(1961年)
中央に貫通ドア、その上に行先表示器、左右の窓の下にライトがあります。

6000系(1964年)
向かって左の窓の上に種別表示器、右の窓の上に行先表示器があります。

8000系(1963年)
貫通ドアの上に行先表示器、向かって左の窓の上に種別表示器があります。

8000系更新車(1986年)
窓周辺を黒くしたが、行先表示器が上、ライトが下にあるのは従来と共通。

10000型(1983年)
車体はステンレス製だが、全体のイメージは8000系更新車に近いデザインです。

60000系(2013年)
車体はアルミ合金製で前面形状は左右非対称だが、行先表示器は上、ライトは下にあります。

新コンセプトの特急列車
500系

途中駅で列車の併結・分割が可能な3両編成の500系。　　　　　　　　　　（東武鉄道提供）

フレキシブルな運用もOK

　東武鉄道が2015年4月に発表した内容に注目が集まりました。これまでにない斬新な特急列車、500系が**2017年春にデビュー**することになったのです。その開発コンセプトは「さまざまな運行形態で運用可能な速達性と快適性を持った特急列車」。**途中駅での列車の併結・分割が可能**な3両編成で、さまざまなパターンでの運転が可能とのことです。東武鉄道の特急もさらに新しい時代へと進むのです。

用語解説
貫通式
列車の「顔」に当たる前面に、通り抜けのためのドアを設けたものを貫通式といいます。複数の編成を連結した際、乗客が列車内を自由に移動できるようにするために必要なものです。500系は前面の中央に、ドアを備えています。途中で編成を分割して別々の目的地へ向かう列車の登場が期待されます。

DATA

導入時期：2017年春（予定）　　　最大寸法(mm)：長さ20000、幅2870
車両数：24　　　　　　　　　　主電動機：永久磁石同期電動機(PMSM)
定員(名)：Mc1-T-Mc2の合計で161　主制御装置：VVVFインバータ制御

Tc＝制御車、Mc＝電動制御車、M＝電動車、T＝付随車。（T＝trailler、M＝moter、C＝controllerの略。）数字は先頭車両からの順番を指す。

インテリアデザイン（イメージ）

- 「白」を基調とし、「木目」を生かしたカラーリング
- 天井は鬼怒川・隅田川の流れをイメージした柔らかな造形
- 座席の配色は「江戸紫」がモチーフ
- 腰掛けの袖部分には「印伝」をモチーフにした柄があしらわれる

(東武鉄道提供)

車体動揺防止制御装置

車体の左右方向の振動を抑制する装置（空圧式）を車両に搭載すれば、乗り心地を向上させることができます。

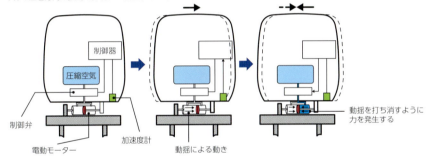

新規軸も満載

　発表によると、車体は**アルミ合金製**の美しい**流線型**で、前面は**貫通式**です。内装は白を基調としながら木目も用いた上質なデザインで、**Wi-Fi**や**PC電源**も備えます。3両編成で構成され、定員は合計161名。座席の配色は**江戸紫**がモチーフです。また、東武鉄道の列車で最初となる**車体動揺防止制御装置**（アクティブサスペンション）を全車に採用し、乗り心地を向上させています。主電動機も最新のものを搭載し、LEDによる照明と合わせ環境負荷が低減されます。

　この500系の導入に合わせ、東武鉄道では広域な路線ネットワークを生かした特急列車の運行系統が構築される予定です。具体的な内容はまだ発表されていませんが、一層の利便性向上となるに違いありません。鉄道ファンはもちろん、利用者からも、どのような特急になるのか、大いに注目されています。

用語解説

車体動揺防止制御装置
自動車と同様に鉄道車両でも車体と車輪はサスペンションを介して結ばれ、線路の凹凸やカーブに追従するようになっています。この部分に、自動制御で力を加えて振動を抑える車体動揺防止制御装置が500系には採用されます。

POINT

500系のデザイン
500系の内装および外装のデザインは、東京スカイツリーのイメージも採り入れられた、先進的かつ親しみやすいものです。これらのデザインは川崎重工業が担当し、鉄道や自動車をはじめさまざまな分野で実績を持つ、KEN OKUYAMA DESIGN（代表：奥山清行）の監修によるものです。

東武鉄道のフラッグシップ特急「スペーシア」
100系

鬼怒川温泉駅に到着した、新宿発100系スペーシア。

満を持して登場したDRCの後継

　1960年以来、東武鉄道の看板車両として活躍してきたDRC（デラックスロマンスカー）の後を継ぐ、新型の特急列車として1990年に登場したのが100系です。**愛称は「スペーシア」**。前頭部がスラっとした美しい**流線型スタイル**で、東武鉄道初の**アルミ合金製車体**が採用されました。車内には回転式リクライニングシートが広い間隔で配置され、個室やビュッフェもあります。

💡 POINT
個室

浅草方面の先頭車となる6号車の車内は6つの個室で構成され、それぞれに2人掛けのソファが2組向き合い（計4人分）、中央にテーブルがあります。JR乗り入れの際、この車両はグリーン車の扱いになるので、対応車両は号車表示の脇にグリーン車のマークが表示されています。

DATA

製造初年：1990年4月　車両数：54
定員（名）：Mc1:24、M1:64、M2:56、M3：36、M4：64、Mc2：44
自重(t)：Mc1：35.5、M1：37.5、M2：36.5、M3：36.5、M4：37.5、Mc2：36.0
最大寸法(mm)：長さMc1・2：21600、M1・3・4：20200、M2：20500、幅2878、高さ4200
主電動機：三相かご型誘導電動機
主制御装置：VVVFインバータ制御
ブレーキ装置：回生および非常発電ブレーキ付、電気指令式空気ブレーキ装置
冷房装置：40000kcal/h/車
性能：最高速度130km/h、加速度2.0km/h/s、減速度(常用) 3.7km/h/s、(非常) 5.3km/h/s

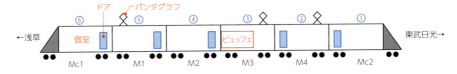

世界遺産である日光二社一寺をイメージした、特別塗装の「日光詣スペーシア」。

リニューアルでイメージを一新

　交流電動機とVVVFインバータ制御を採用し、全車が電動車の6両編成9本が、特急「**けごん**」「**きぬ**」「**スペーシアきぬがわ**」「**スペーシア日光**」などとして運行中です。当初はジャスミンホワイトを基調に、パープルルビーレッドとサニーコーラルオレンジのラインが配された塗装でした。登場から20年ほど過ぎた2011年にリニューアルされ、「雅」「粋」「サニーコーラルオレンジ」の3種類のカラーの編成が3本ずつとなりました。そして2015年には、特別塗装の「**日光詣スペーシア**」が登場。これは日光東照宮四百年式年大祭を記念したもので、「サニーコーラルオレンジ」の編成を種車に、まず4月にJR直通非対応の編成、7月にJR直通対応の編成が各1本特別塗装され、運行されています。JR直通車については、個室内の壁クロスも金色に変更されました。

POINT
ビュッフェ

3号車にはビュッフェがあり、清涼飲料水の自動販売機も設置されています。M3車がその車両で、定員が少ないのはそのためです。ビュッフェはカウンターになっていて、電子レンジも設置されているので、暖かい食事も提供されます。運転開始当初は、個室へのデリバリーサービスもありました。

豆知識
JR直通運転

9本ある編成のうち、新宿発着の列車に使用できるのは3本です。これらの編成は2006年に改造され、JR東日本の路線に対応した保安装置や無線機などを搭載しています。また、車内にはJRの方式による座席番号の表示などもあり、東武線内専用の編成と区別できます。

「りょうもう」の2代目車両
200型

1800系からグレードアップした急行用車両200型。

急行から特急へ

　急行「りょうもう」に使用されてきた1800系と置き換えるため登場したのが200型で、1990〜98年に**6両編成9本**が製造されました。その際、主電動機、台車などの機器が**特急列車1700系**や**1720系**（DRC）から流用されています。車内には回転式リクライニングシートが1800系より広い間隔で配置。性能も快適性も1800系より向上し、1999年3月には「りょうもう」の種別が急行から特急に改められました。

POINT
バリアフリー
　9編成ある200型のうち、後期に製造された3編成にはバリアフリー対策で、車椅子スペース、バリアフリー洋式トイレなどが採用され、出入口の幅も拡大されました。また、それ以前に製造された6編成も追って同様の仕様に改造され、200型全編成のバリアフリー化が実現しました。

DATA

製造初年：1990年12月　車両数：54
定員(名)：Mc1:60、M1:72、M2:76、M3:58、M4:72、Mc2:60
自重(t)：Mc1：40.5、M1：39.5、M2：40.5、M3：39.5、M4：39.5、Mc2：41.5
最大寸法(mm)：長さMc1・2：21300、M1〜4：20000、幅2878、高さ4200
主電動機：直流直巻補極補償巻線付電動機
主制御装置：添加励磁装置付抵抗カム軸式
ブレーキ装置：回生ブレーキ併用電磁直通空気ブレーキ装置
冷房装置：31500kcal/h/車
性能：最高速度110km/h、加速度2.23km/h/s、減速度(常用)3.7km/h/s、(非常)5.0km/h/s

さらなる進化を遂げた「りょうもう」
250型

1998年に1編成だけ製造された250型。
(東武博物館所蔵)

200型に新たな技術を付加

　200型は6両編成9本が製造されましたが、1998年にさらにもう1本、増備されました。その編成は全面的に新製されて登場しました。外観や車内の仕様は200型に準じていますが、**VVVFインバータ制御**の採用をはじめ、技術的には大きく進化しています。**6両編成中、電動車は3両**になりましたが、200型と同等の性能が確保されています。250型は1編成だけのレアな存在で、200型とともに「りょうもう」で活躍中です。

POINT
パンタグラフ
250型は200型のうち後期製造のものと、外観がよく似ています。両者を最も簡単に見分けるポイントは、パンタグラフの位置です。200型は2・4・5号車に1基ずつあるのに対し、250型は2号車に1基、5号車に2基となります(号車番号は伊勢崎側から順に付いています)。また、台車や床下の機器類にも違いがあります。

DATA

製造初年：1998年3月　車両数：6
定員(名)：Tc1:60、M1:72、M2:76、T1：58、M3：58、Tc2：60
自重(t)：Tc1：25.5、M1：41.0、M2：41.0、T1：32.0、M3：41.0、Tc2：38.0
最大寸法(mm)：長さTc1・2：21300、M1～3・T1：20000、幅2878、高さ4160
主電動機：三相かご型誘導電動機
主制御装置：VVVFインバータ制御
ブレーキ装置：回生ブレーキ併用電気指令式空気ブレーキ装置
冷房装置：31500kcal/h/車
性能：最高速度110km/h、加速度2.23km/h/s、減速度(常用)3.7km/h/s、(非常)5.0km/h/s

リニューアルでつくられた優等列車用車両
300型

急行「りょうもう」用の1800系の構造を多く引き継ぐ300型。　　　　　　（東武博物館所蔵）

リフォームでイメージを一新

　200型と250型の投入で「りょうもう」は生まれ変わりましたが、引退した1800系の一部は、廃車されず有効に活用されています。その一例が**日光・鬼怒川線の急行用**に改造された300型です。6両編成中の電動車を3両から4両に増やし、塗装の変更や車内のリフォームでイメージも一新しました。野岩鉄道と会津鉄道への乗り入れも可能です。3編成があり、**特急「きりふり」**や**臨時列車**に使われています。

 POINT
追加された機能
勾配の多い日光・鬼怒川線で運用するため、1800系から300型への改造の際、発電ブレーキの機能が追加されました。これは主電動機の回路を切り替えて発電させ、その際に発生する回転抵抗でブレーキをかけるもので、下り勾配を一定の速度で走行するための抑速ブレーキに使用されています。

DATA

製造初年：1991年3月（更新）　車両数：12
定員（名）：Tc1:64、M2:72、M1:68、M4：68、M3：72、Tc2：64
自重（t）：Tc1：34、M2：39.5、M1：40、M4：39.5、M3：40、Tc2：34
最大寸法（mm）：長さTc1・2：20200、M1〜4：20000、幅2878、高さ4200
主電動機：直流直巻補極補償巻線付電動機
主制御装置：総括制御自動加減速バーニア式カム軸式
ブレーキ装置：発電ブレーキ併用電磁直通空気ブレーキ
冷房装置：27000kcal/h/車
性能：最高速度110km/h、加速度2.23km/h/s、減速度（常用）3.7km/h/s、（非常）5.0km/h/s

4両編成の優等列車用車両
350型

4両固定編成の350型特急「しもつけ」。

300型の4両編成版

　300型と同じ1991年、やはり1800系を改造した優等列車用車両、350型も登場しました。性能や仕様は300型と基本的に同じで、野岩鉄道と会津鉄道への乗り入れにも対応していますが、**編成が4両なの**が特徴です。1800系の6両編成から2両を除いた編成が2本と、抜き出した中間車のうち2両を先頭車に改造して4両編成とした1本があります。現在は**特急「しもつけ」**と**臨時列車**に使用されています。

POINT
変更された塗装

300型と350型は1800系からの改造に当たり、車体の形状は大きく変更されていませんが、塗装は新しいカラーになりました。100系「スペーシア」の登場時と同様、ジャスミンホワイトが基調になっています。また、前面の窓の周囲がブラックになり、1800系当時よりイメージは精悍かつ先進的です。

DATA

製造初年：1991年6月(更新)
車両数：12
定員(名)：Tc1：64、M2：72、M1：64、Tc2：64
自重(t)：Tc1：34、M2：39.5、M1：40、Tc2：34
最大寸法(mm)：長さTc1・2：20200、M1・2：20000、幅2878、高さ4200
主電動機：直流直巻補極補償巻線付電動機
主制御装置：総括制御自動加減速バーニア式カム軸式
ブレーキ装置：発電ブレーキ併用電磁直通空気ブレーキ
冷房装置：27000kcal/h/車
性能：最高速度110km/h、加速度2.23km/h/s、減速度(常用)3.7km/h/s、(非常)5.0km/h/s

元「りょうもう」の専用車両
1800系

唯一現存する最終増備車の1800系1819編成。　　　　　　　（東武博物館所蔵）

1編成のみが現役

　1969年、**伊勢崎線の急行「りょうもう」**用の新型車1800系が登場しました。**赤基調に白帯**を加えた塗装や**回転クロスシート**など、当時としては革新的な内容で、1987年までに54両が製造されました。現在は、最後に増備された6両編成1本（1819編成）のみが臨時列車用として在籍。この編成はライトの形状や室内のカラーの変更、側面に行先表示が追加されるなどのマイナーチェンジが行なわれています。

💡 POINT
1800系の編成

1800系が登場した当初は4両編成でした。1969年に4本と1973年に2本が製造された後、1979年に中間車2両が各編成に加えられ、6両編成となりました。そして、1987年に最後の増備で6両編成1本が製造され、これが現在も残っています。

DATA

製造初年：1987年10月
車両数：6
定員（名）：Tc1:64、M2:72、M1:68、T1：68、M3：72、Tc2：64
自重（t）：Tc1・2：32、M2：40、M1：40、T1：30、M3：39
最大寸法(mm)：長さTc1・2：20200、M1〜4：20000、幅2878、高さ4200

主電動機：直流直巻補極補償巻線付電動機
主制御装置：総括制御自動加減速バーニア式カム軸式
ブレーキ装置：電磁直通空気ブレーキ
冷房装置：31500kcal/h/車
性能：最高速度110km/h、加速度2.2km/h/s、減速度（常用）3.7km/h/s、（非常）4.5km/h/s

6050系
ドアと車内の配置が独特

6000系からの更新に当たり、冷房化・耐寒・耐雪設計が施されました。

更新と新製の2種類

　6050系は**20m級で両開きドアが2つ、車内はドア付近がロングシート、中間部が固定式クロスシート**というユニークなタイプの列車です。6000系の車体の更新版と新製車があり、1985〜90年に合わせて2両編成33本が製造されました。4本は野岩鉄道と会津鉄道に譲渡され、2編成は634型に改造されています。東武鉄道、野岩鉄道、会津鉄道の6050系は、日光線、鬼怒川線の快速や区間快速で活躍中です。

> **豆知識**
> **6000系**
> 6050系の一部の更新のベースとなった6000系は、日光線の快速用として1964年にデビューしました。前面は丸みのあるスマートなデザインで、車内はセミクロスシートです。編成は2両で、それを複数連結した運転も行なわれるところは、6050系に引き継がれています。

DATA

- 製造初年：1985年10月（新製および更新）
- 車両数：54
- 定員（名）：Mc:150（座席72）、Tc：145（座席68）
- 自重(t)：Mc：40、Tc：34
- 最大寸法(mm)：長さ20000、幅2878、高さ4200
- 主電動機：直流直巻補極補償巻線付電動機
- 主制御装置：総括制御自動加減速多段式カム軸式
- ブレーキ装置：発電ブレーキ併用電磁直通空気ブレーキ
- 冷房装置：31500kcal/h/車
- 性能：最高速度110km/h、加速度2.5km/h/s、減速度（常用）3.5km/h/s、（非常）4.5km/h/s

話題の展望列車「スカイツリートレイン」
634型

旅の楽しさやワクワク感を演出するカラーリングが施された外観。

6050系の改造で登場

東京の新たな名所、東京スカイツリータウンのオープンに合わせ、東武鉄道では2012年から臨時特急「スカイツリートレイン」を運行しています。これに使用されている列車が**6050系を改造した634型**で、2両編成2本が活躍中です。改造のベースになっているのは、1988年に新製された**6178編成**と**6177編成**。「634」は東京スカイツリーの高さが634mなのにちなみ、「むさし」と読みます。

POINT
コンセプト

「スカイツリートレイン」のコンセプトは、「東武沿線からスカイツリーへ」、「スカイツリーから日光・鬼怒川へ」です。東武沿線から東京スカイツリータウンへ出かける人、国内外から東京スカイツリータウンを訪れた人のどちらも非日常を体感できるよう、車内空間には工夫が施されています。

DATA

製造初年：1985年10月（2012年改造）
車両数：4
定員(名)：Mc：30、Tc：29
自重(t)：Mc：45、Tc：29
最大寸法(mm)：長さ20000、幅2878、高さ4200
主電動機：直流直巻補極補償巻線付電動機
主制御装置：総括制御自動加減速多段式カム軸式
ブレーキ装置：発電ブレーキ併用電磁直通空気ブレーキ
冷房装置：31500kcal/h/車
性能：最高速度110km/h、加速度2.5km/h/s、減速度（常用）3.5km/h/s、（非常）4.5km/h/s

車両形式図

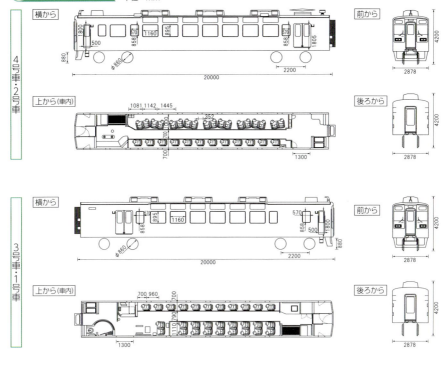

観光に特化した設備

　塗装は白を基調に、**青空をイメージした寒色系**、**朝焼けをイメージした暖色系**の2種のデザインが編成ごとに施されています。車内は高床で、天井まで続く窓と合わせ展望は抜群。**ペアスイート**、**シングル**、**ツイン**の3種の座席が配置されているほか、**前面展望スペース**、**サロン**もあります。また、シートのデザインは東京スカイツリー公式キャラクターの「ソラカラちゃん」「スコブルブル」「テッペンペン」のシルエットをあしらったものです。

　さらに**カラオケ設備**や**ステージ**のあるイベントスペースも設けられ、イベント列車としても運転されます。各車に映像モニターを備え、イベントスペースや前面展望カメラの映像などを楽しめます。また、前面と側面の行先や列車種別などの表示器は、東武鉄道の優等列車用車両ではじめての**フルカラーLED**です。通常は2編成を合わせた4両で運転されています。

豆知識
634型のデビュー
634型は週末を中心に臨時特急として運転されるほか、イベント列車や団体専用列車にも使われます。最初の営業運転となったのは2012年10月27日で、これを含め同年11月24日までは、日帰りツアーの団体専用列車として運転されました。臨時特急としての初運転は、その直後の11月29日でした。

POINT
野岩鉄道、会津鉄道にも乗り入れ
臨時特急「スカイツリートレイン」は通常、土・日曜日に下りを浅草発鬼怒川温泉行きと新栃木行き、上りを太田発と大宮発と東武日光発と鬼怒川温泉発浅草行きで運転されています。また、野岩鉄道と会津鉄道に乗り入れ、下りは北千住発、上りは浅草行きで「スカイツリートレイン南会津号」が運転されることもあります。

通勤列車の大ヒット作
8000系

登場から50年以上過ぎた現在も活躍する8000系。

20年近くにおよんだ増備

　1963年10月、東武鉄道各線を走っていた旧型列車を置き換えるため、**20m級**、**両開き4ドア**、**ロングシート**の通勤列車8000系がデビューしました。2・4・6・8両の編成があり、1983年3月までに**合計712両**を製造。これは私鉄の一つの形式の列車としては、最多記録です。1986年からの更新では、前面形状や内装がリニューアルされています。現在は258両が残り、東武アーバンパークラインなどで活躍中です。

💡 POINT
動態保存車として活用

8000系のうち更新されずに走っていた8111編成は、2012年に、その所有が東武博物館に移管されました。そして、デビュー当時のロイヤルベージュとインターナショナルオレンジのツートン塗装が再現されたうえで動態保存車となり、イベントなどの臨時車として登場しています。

DATA

製造初年：1963年10月
車両数：258
定員(名)：Tc1・2:150、T・M：170
自重(t)：Tc1・2：26、T：32、M：39
最大寸法(mm)：長さ20000、幅2850、高さ4200
主電動機：直流直巻補極補償巻線付電動機
主制御装置：総括制御自動加減速バーニア式カム軸式
ブレーキ装置：電磁直通空気ブレーキ
冷房装置：42000kcal/h/車
性能：最高速度110km/h、加速度2.23km/h/s、減速度(常用) 3.7km/h/s、(非常) 4.5km/h/s

800型・850型

8000系改造の支線用車両

伊勢崎線を走る850型。

ワンマン運転する3両編成

　伊勢崎線太田〜伊勢崎間と佐野線でワンマン運転を行なうに当たり、登場したのが800型と850型で、これらはそれぞれ3両編成で運行しています。800型と850型は、東上線で使用されていた**8000系8両編成**のうち、池袋寄りの3両を800型に、寄居寄りの3両を850型に改造したものです（中間の2両は廃車）。改造内容は、**運転台の追加、ワンマン運転用機器、車内案内表示器、車椅子スペースの設置**などです。

💡 POINT
編成の違い
800型と850型は性能や車内設備は同等です。しかし、改造ベース車両の違いから編成内容が異なります。800型は中間車、850型は浅草側の先頭車に2基のパンタグラフがあるので、外観で見分けるのは容易です。これらパンタグラフ付き車両は、元は8000系の中間車モハ8200型でした。

DATA
- 製造初年：1963年10月(2005年5月、3両固定化)
- 車両数：800型：15、850型：15
- 定員(名)：Tc・Mc:145、M:170
- 自重(t)：800型Tc：26、M：38、Mc：40.5、850型：Mc:39.5、M：39、Tc：26
- 最大寸法(mm)：長さ20000、幅2850、高さ4200
- 主電動機：直流直巻補極補償巻線付電動機
- 主制御装置：総括制御自動加減速バーニア式カム軸式
- ブレーキ装置：電磁直通空気ブレーキ
- 冷房装置：42000kcal/h/車
- 性能：最高速度110km/h、加速度2.23km/h/s、減速度(常用)3.7km/h/s、(非常)4.5km/h/s

数々の「東武鉄道初」を採用
9000型

左右非対称の前面デザインが特徴的。

東京メトロ有楽町線直通用に開発

9000型は**東上線と東京メトロ有楽町線との直通運転用**として開発され、1981年12月に先行試作車が登場しました。途中に先頭車を含まない**10両固定編成**、**軽量ステンレス製車体**、**チョッパ制御**、**回生ブレーキ**、**一段式下降窓**などが東武鉄道で最初に採用された、画期的な列車です。車体形状は両開き4ドア、車内はロングシートで、先行試作と量産を合わせて10両編成8本が製造されました。

💡 POINT
製造時期による違い

9000型は第1編成が先行試作車で、10両編成のうち3両にパンタグラフが2基ずつありました。第2編成以降の量産車ではパンタグラフが1基になり、先行試作車も追って同様に改造されます。また、最後に製造された第8編成は、車体表面の補助ラインの形状が変わりました。

DATA

製造初年：1981年11月
車両数：80
定員(名)：Tc1・2:136、その他：144
自重(t)：Tc1・2：29.0、M1：40.0、M2：39.0、M3：38.0、M4：40.0、T：28.0
最大寸法(mm)：長さ20000、幅2874、高さ4145
主電動機：直流複巻補極補償巻線付電動機
主制御装置：自動界磁式主回路チョッパ制御
ブレーキ装置：回生ブレーキ併用全電気指令式空気ブレーキ
冷房装置：42000kcal/h/車（一部マイコン制御）
性能：最高速度110km/h、加速度3.3km/h/s、減速度（常用）3.7km/h/s、（非常）4.5km/h/s

直通運転に対応した増備車
9050型

9000型のデザインが踏襲された9050型。

9000型に新しい技術を付加

　東上線と東京メトロ有楽町線の直通運転は1987年8月に始まり、1994年12月に東京メトロ副都心線の一部が開業、列車が増発されます。そこで9000系が増備されるのですが、車体はほぼ同じながら**VVVFインバータ制御**などの新しい技術が採用されたことから、9050型となりました。9000型、9050型ともに現在は**東京メトロ有楽町線・副都心線、東急東横線、横浜高速鉄道みなとみらい線に乗り入れ**ています。

POINT
副都心線への乗り入れ対応

9000型と9050型は東京メトロ副都心線への乗り入れ開始に際し、同線で使用するATO(自動列車運転装置)を搭載し、運転台をワンハンドルマスコンにするなどの改造が行なわれました。なお、9000型先行試作車はドアの位置が異なるため、東京メトロ副都心線乗り入れの対象とならず、これらの改造は実施されていません。

DATA

製造初年：1994年9月
車両数：20
定員(名)：Tc3・4:141、その他：152
自重(t)：Tc3・4：30.0、M5・7：37.5、M6.9：36.5、M8：36.0、T3：26.0、T4：26.5
最大寸法(mm)：長さ20000、幅2878、高さ4145
主電動機：三相かご型誘導電動機
主制御装置：VVVFインバータ制御
ブレーキ装置：回生ブレーキ併用全電気指令式空気ブレーキ
冷房装置：42000kcal/h/車 (一部マイコン制御)
性能：最高速度110km/h、加速度3.3km/h/s、減速度(常用)3.9km/h/s、(非常)4.5km/h/s

8000系の後継、通勤列車の主力
10000型

東上線池袋行き普通列車。下板橋駅にて。

設計のベースは9000型

　長く増備が続いた8000系に代わる、新しい世代の東武線内用の通勤列車として、1983年に10000型が登場しました。

　仕様は**20m級**、**両開き4ドア**、**ロングシート**という通勤列車の標準スタイルで、車体は**ステンレス製**。これは9000型をベースに設計されたものですが、前面は**左右対称のデザイン**です。チョッパ制御、回生ブレーキが採用されたのも9000型と同様です。

> **豆知識**
> **ステンレス製の車体**
> 鋼製の車体の場合、さびによる強度低下を考慮し、厚い鋼板が使用されます。それに対しステンレス製の車両はさびないため、薄い板を使うことが可能となり、軽量化に有利です。また、鋼製の場合は防錆（ぼうせい）を兼ねて塗装されているのですが、ステンレスではそれも不要です。

DATA

- 製造初年：1983年12月
- 車両数：118
- 定員（名）：Tc1・2・3、Mc:150、その他：170
- 自重（t）：Tc1・2：29.0、M1・2、Mc：39.0、M3：37.5、T1・2：28.0、T3：32.5、Tc3：34.0
- 最大寸法(mm)：長さ20000、幅2874、高さ4145
- 主電動機：直流複巻補極補償巻線付電動機
- 主制御装置：他励界磁チョッパ制御
- ブレーキ装置：回生ブレーキ併用全電気指令式空気ブレーキ
- 冷房装置：42000kcal/h/車（一部マイコン制御）
- 性能：最高速度110km/h、加速度2.5km/h/s、減速度（常用）3.7km/h/s、（非常）4.5km/h/s

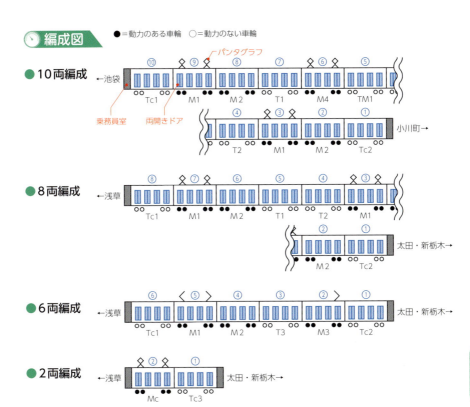

多彩な編成バリエーション

　10000型は勾配の多い日光線での運用に備え、**抑速ブレーキ**の機能も備えています。前面は貫通ドアが中央にあり、伝統的な「東武顔」の雰囲気がよみがえりました。同じステンレス車体で先に登場した9000型は、前面が左右非対称のデザインで、大きくイメージが異なります。

　当初、10000型は２両編成４本、６両編成９本、８両編成６本が製造されました。そして、1989年には８両編成のうち４本に中間車２両が加えられ、**10両化**されています。2008年からは、**パンタグラフのシングルアーム化**、**バケットタイプの座席への交換**（座席の生地の色も緑から青に変更）、**前面と側面の表示のフルカラーLED化**などの、リニューアル工事が行なわれました。デビューから四半世紀以上が過ぎましたが、まだまだ健在です。

用語解説
抑速ブレーキ
列車を停止させるためではなく、下り勾配を一定速度で走るため連続して使うブレーキを、抑速ブレーキといいます。摩擦によるブレーキでは過熱することがあるので、主電動機を発電機として機能させる発電ブレーキ、あるいは発電で発生した電流を架線に戻す回生ブレーキを使用します。

POINT
5桁の番号
10000系は東武鉄道で最初に車両の番号が5桁になりました。個別の車両の数字にはルールが定められており、1万の位が系列、千の位が上り側から何両目に連結するか、百の位は何両編成に組み込むかが示されています。編成の両数の変更に伴い、その編成全車の番号が変更されることもあります。

10000系のなかでも最も多い
10030型

ロイヤルマルーンの帯が側扉にも配され、フロントガラスも拡大。

20000型の要素を導入

　10000型増備の途中、1988年にマイナーチェンジが実施され、10030型が登場しました。性能は同等ですが、外観や内装には同時期に製造された**20000型と同じ要素**が採り入れられました。前面は材質が**FRP製**になりデザインも改められ、側面はコルゲートと呼ばれる波状のステンレス板に代わり、プレスによる補強ラインが浮き出ています。座席も20000型に準じ、編成は2・4・6・10両です。

用語解説
FRP
繊維強化プラスチックのことで、「Fiber Reinforced Plastics」の頭文字をとってFRPといいます。金属より複雑な形状のものをつくることが可能で、一般的なプラスチックより強度、耐候性、耐熱性に優れています。30年ほど前から、鉄道車両の前面にもこの材質が使われています。

DATA
- 製造初年：1988年3月
- 車両数：364
- 定員(名)：Tc1・2：142、その他：152
- 自重(t)：Tc1・2：29.5、M1.2：39.5、TM2：33.0、M5：38.0、TMc：34.5
- 最大寸法(mm)：長さ20000、幅2874、高さ4145
- 主電動機：直流複巻補極補償巻線付電動機
- 主制御装置：他励界磁チョッパ制御
- ブレーキ装置：回生ブレーキ併用全電気指令式空気ブレーキ
- 冷房装置：42000kcal/h/車（一部マイコン制御）
- 性能：最高速度110km/h、加速度2.5km/h/s、減速度(常用)3.9km/h/s、(非常)4.5km/h/s

わずか4両のレアな車種
10080型

東武鉄道の形式でも最も希少な4両編成1本の製造。　　　　　　　　　　（東武博物館所蔵）

VVVFインバータ制御を初採用

　10080型は10030型と同時期に登場し、車体形状や内装も同一ですが、**VVVFインバータ制御**が東武鉄道で最初に採用された記念すべき車両です。製造は**4両編成1本**だけという大変珍しいもので、運がよくないと出会うことができません。10000型や10030型と連結することが可能で、共通で使われています。2005年度にはVVVFインバータ制御装置が更新されました。

豆知識
新タイプの制御装置
10080型のVVVFインバータ制御装置には、当初GTOという半導体素子が使用されていましたが、装置の更新の際、IGBTという新しいタイプに改められました。IGBT素子の方が省エネ性に優れ、低騒音であるなどのメリットがあり、列車では近年これが主流になっています。

DATA

- 製造初年：1988年3月
- 車両数：4
- 定員（名）：Tc1・2：142、M1・2：152
- 自重（t）：Tc1・2：29.5、M1・2：39.5
- 最大寸法（mm）：長さ20000、幅2874、高さ4145
- 主電動機：三相かご型誘導電動機
- 主制御装置：VVVFインバータ制御
- ブレーキ装置：回生ブレーキ併用全電気指令式空気ブレーキ
- 冷房装置：42000kcal/h/車
- 性能：最高速度110km/h、加速度2.5km/h/s、減速度（常用）3.9km/h/s、（非常）4.5km/h/s

日比谷線直通車両の2代目
20000型

2000系の置き換え用として1988年に登場した20000型。

乗り入れ規格の18m級列車

　東武鉄道では東京メトロ日比谷線への直通運転開始以来、2000系が使用されてきました。この列車の経年が進んで交代が必要となり、置き換え用として1988年に登場したのが20000型です。**18m級、両開き3ドア**という基本スペックは2000系から踏襲しながらも、**軽量ステンレス製車体、チョッパ制御、ボルスタレス台車**といった当時の最新技術が採用されました。編成は8両で、中間の6両が電動車です。

豆知識
乗り入れ規格
伊勢崎線と日比谷線は、私鉄と営団地下鉄(現・東京メトロ)による初の直通運転を1962年に開始しました。翌々年には東急東横線と日比谷線の直通運転が始まりました。そのため、東武、営団、東急の3社で車両に関し共通の規格が定められ、2000系も20000型もそれに準じて設計されています。

DATA
- 製造初年：1988年1月
- 車両数：104
- 定員(名)：Tc1・2：124、その他：136
- 自重(t)：Tc1・2：29.0、M1：38.5、M2：38.0、M3・4：36.5
- 最大寸法(mm)：長さ18000、幅2857、高3995
- 主電動機：直流複巻補極補償巻線付電動機
- 主制御装置：自動界磁主回路チョッパ制御
- ブレーキ装置：回生ブレーキ併用全電気指令式空気ブレーキ
- 冷房装置：31500kcal/h/車(一部マイコン制御)
- 性能：最高速度110km/h、加速度3.3km/h/s、減速度(常用)3.7km/h/s、(非常)4.5km/h/s

20000型のマイナーチェンジ版
20050型

20000型の3扉の中間に2扉が追加されています。

（東武博物館所蔵）

斬新な5ドア車の登場

　20000型の増備の過程で1992年にマイナーチェンジが行なわれ、20050型となりました。最大の特徴は、ラッシュ時の乗降時間短縮のため**前後2両計4両が5ドア**である点です。ドアの間には3人分の座席があります。また、**VVVFインバータ制御**、**LEDによる行先表示器**など、新しい技術も導入されています。前面に識別のため、**「5DOORS」のマーク**が貼られています。なお、中間の4両は従来通りの3ドアです。

豆知識
日本初の5ドア

通勤列車のドアの数は、18m級は3、20m級は4というのが一般的です。5ドアの列車は、1970年登場の京阪電鉄5000系が日本初です。この列車は長さ18.7mで、全車が5ドアです。日比谷線では東京メトロ03系の一部の列車も、編成両端の2両ずつが5ドアになっています。

DATA
製造初年：1992年12月
車両数：64
定員（名）：Tc3・4：124、M5・6：135、M2・3・7：133
自重（t）：Tc3・4：27.5、M5：35.2、M2.7：35.0、M3：34.0、M6：34.5
最大寸法（mm）：長さ18000、幅2857、高さ3995
主電動機：三相かご型誘導電動機
主制御装置：VVVFインバータ制御
ブレーキ装置：回生ブレーキ併用全電気指令式空気ブレーキ
冷房装置：37500kcal/h車（一部マイコン制御）
性能：最高速度110km/h、加速度3.3km/h/s、減速度（常用）3.7km/h/s、（非常）4.5km/h/s

日比谷線直通用の最新車両
20070型

パンタグラフがシングルアーム式の20070型。

全車3ドアに戻されて増備

　20000型に始まった2世代目の東京メトロ日比谷線直通車両の増備において、1996年に再度のマイナーチェンジが実施されました。それが20070型で、VVVFインバータ制御などの仕様は20050型と同じですが、**8両編成全車が3ドアに戻されて**います。また、車内のドア上にLEDによる案内表示器が設置され、側扉の窓は断熱性の高い複層ガラスになりました。現時点ではこれが東京メトロ日比谷線直通用の**最新形式**です。

> **豆知識**
> **日比谷線直通用車両**
> 日比谷線では開業時以来18m級の列車が使用されてきましたが、これを新しい規格に改めることが、2014年4月に発表されました。20m級4ドアの7両編成で、東武鉄道および東京メトロが2016〜19年度にこの新型車を導入し、現行の18m級列車を置き換える計画です。

DATA

- 製造初年：1996年12月
- 車両数：24
- 定員(名)：Tc1・2：123、M1・5：134、M2・3・4：133
- 自重(t)：Tc1・2：28.5、M1・5：35.5、M2：35.5、M3：34.5、M4：33.0
- 最大寸法(mm)：長さ18000、幅2858、高さ3995
- 主電動機：三相かご型誘導電動機
- 主制御装置：VVVFインバータ制御
- ブレーキ装置：回生ブレーキ併用全電気指令式空気ブレーキ
- 冷房装置：37500kcal/h/車（マイコン制御）
- 性能：最高速度110km/h、加速度3.3km/h/s
- 減速度（常用）3.7km/h/s、（非常）4.5km/h/s

30000系

半蔵門線乗り入れを想定した車両

10000系との併結も可能な東京メトロ半蔵門線乗り入れ車両の30000系。

10000系の後継車両

10000・10030・10080型に続く通勤列車の標準車両として、1996年に30000系が登場しました。車体は**20m級**で**軽量ステンレス製、4ドア、FRP製前頭部**という仕様で、走行系には**VVVFインバータ制御**や**回生ブレーキ**を備えています。東京メトロ半蔵門線と東急田園都市線への直通運転での使用が前提で設計され、運転台には東武鉄道初の**ワンハンドルマスコン**を採用。6両編成と4両編成があり、両者を連結して10両編成になります。

用語解説

ワンハンドルマスコン
運転台にある操作機器のうち、自動車のアクセルに相当するものをマスコン(マスターコントローラーの略)といいます。これとブレーキを合わせ、ひとつのハンドルで操作できるようにしたものが、ワンハンドルマスコンで、東京メトロ半蔵門線、東急田園都市線との直通運転ではこれが共通規格になっています。

DATA

- 製造初年:1996年11月
- 車両数:150
- 定員(名):139
- 自重(t):Tc1・2:30.0、M1・M1A:36.5、M2・M2A:37.5、T1:29.0、M3:36.0
- 最大寸法(mm):長さ20000、幅2789、高さ4080
- 主電動機:三相かご型誘導電動機
- 主制御装置:VVVFインバータ制御
- ブレーキ装置:回生ブレーキ併用全電気指令式空気ブレーキ
- 冷房装置:48000kcal/h/車(マイコン制御)
- 性能:最高速度120km/h、加速度3.3km/h/s、減速度(常用)3.7km/h/s、(非常)4.5km/h/s

21世紀の新たな通勤列車
50000型

下板橋駅に到着する東上線池袋行き50000型。

アルミの色が見える車体

　2005年、従来にないスタイルの列車50000型が、東武鉄道に登場しました。最大の特徴は、車体が100系以来となる**アルミ合金製**になったことです。ただし、50000型では日立製作所が開発した車両製作システム**「A-Train」**が採用され、**先進的で軽量なダブルスキン構造**になっています。100系の車体は塗装されていますが、この50000型は**無塗装**なので、ひと目でアルミであることが分かります。

用語解説
ダブルスキン構造
50000型の車体のアルミ合金の部材は二重で間にリブがあり、ダンボールのような断面になっています。これをダブルスキン構造といい、軽量で遮音性や保温性に優れるなどのメリットがあります。これは近年の鉄道車両のアルミ合金製車体に多く採用されています。

DATA

製造初年：2004年10月
車両数：90
定員（名）：Tc1・2：139、M1'・2・3、T1・2・3：153、M1・2'（車椅子スペース付車）：154
自重（t）：Tc1・2：27.0、M1・1'：33.0、M2・2'：32.5、M3：31.5、T1・2・3：23.0
最大寸法(mm)：長さ20000、幅2800、高さ4050
主電動機：三相かご形誘導電動機
主制御装置：VVVFインバータ制御装置
ブレーキ装置：回生ブレーキ併用全電気指令式空気ブレーキ
冷房装置：50000kcal/h/車（集中式・マイコン制御）
性能：最高速度120km/h、加速度3.3km/h/s、減速度（常用）3.5km/h/s、（非常）4.5km/h/s

編成図

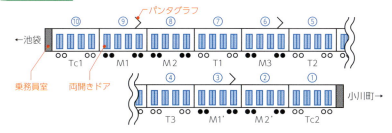

●=動力のある車輪　○=動力のない車輪

ダブルスキン構造

2枚の板の間に斜めのリブが入った構造になっています。剛性強化、遮音性に優れています。

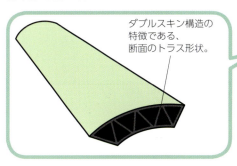

ダブルスキン構造の特徴である、断面のトラス形状。

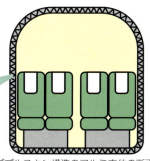

ダブルスキン構造のアルミ車体の断面図（クロスシート車の場合）

東武線内だけを走る車両

　50000型は東武線内のみの運用で、他社への直通運転には使われていません。車体は**20m級4ドア**、**編成は10両**で、そのうち半数が**VVVFインバータ制御**が採用された電動車です。軽量な車体と合わせ高い**省エネ性能**を持ちます。また、各部のアルミの材質が統一され、将来廃車になった際の**リサイクル性**も向上されました。最初に製造された1編成のみ、前面が非貫通式で、第2編成以降は向かって左側に非常口が設けられています。前面下部と側面ドア両脇の**シャイニーオレンジ**も、従来の東武列車とは異なる新しいイメージです。全車が**東上線**で運用中です。

　東武鉄道の通勤列車の新たなスタンダードを確立し、これを基本に使用条件に応じて一部仕様が変更された派生車種、**50050型**、**50070型**、**50090型**が続いて製造されています。

POINT
シャイニーオレンジの車体
50000型の車体のアクセントカラーは、それまでのマルーンやブルーではなく、シャイニーオレンジになりました。「輝く」という意味が込められ、前面下側は塗装、側面のドア両脇はステッカーでこの色が施されています。

豆知識
普通鋼
普通鋼、すなわち鉄鋼は長年にわたり鉄道車両の車体に使われてきた素材です。アルミやステンレスより低コストで、強度が高く、加工がしやすいといった長所もあるので、決して時代遅れというわけではありません。50000型の車体も、前頭部は普通鋼でつくられています。

半蔵門線直通用列車の2代目
50050型

50000系で最も多く製造された50050型。

乗り入れ規格に合わせた仕様

　50000型を基本に、東京メトロ半蔵門線、東急田園都市線への乗り入れに対応したのが50050型です。車体スタイルは**前面に非常口**を追加した50000型第2編成以降に準じ、乗り入れ規格に合わせ**車体幅が若干狭く**なっています。また、東武鉄道、東京メトロ、東急電鉄で異なる**保安装置を集約した機器**や**無線装置**も搭載。当初はドア間に大型の固定式窓がありましたが、増備途中で開閉可能な2分割タイプに変更されました。

💡 POINT
保安装置の流用
50050型の一部の編成は、保安装置や無線装置などの機器を30000系から取り外して流用されました。これらの機器を外した30000系は、乗り入れ運用から外れて東武線内用となり、2011年からは東上線でも使用されています。

DATA

- 製造初年：2005年10月
- 車両数：180
- 定員(名)：Tc1・2：137、M1´2・3、T1・2・3：151、M1・2´(車椅子スペース付)：152
- 自重(t)：Tc1・2：27.5、M1・1´：33.0、M2・2´：32.5、M3：31.5、T1・2・3：23.0
- 最大寸法(mm)：長さ20000、幅2770、高さ4050
- 主電動機：三相かご形誘導電動機
- 主制御装置：VVVFインバータ制御装置
- ブレーキ装置：回生ブレーキ併用全電気指令式空気ブレーキ
- 冷房装置：50000kcal/h/車(集中式・マイコン制御)
- 性能：最高速度120km/h、加速度3.3km/h/s、減速度(常用)3.5km/h/s、(非常)4.5km/h/s

東京メトロ副都心線、有楽町線乗り入れ仕様
50070型

50050型との違いをフルカラーLEDになった行先表示器で判別できる50070型。 (東武博物館所蔵)

きめ細かな変更で相互乗り入れに対応

　50000系はさらにバリエーションを拡大し、2007年に50070型が登場しました。これは東上線から**東京メトロ有楽町線**、**副都心線**とその先の**東急東横線**および**横浜高速鉄道みなとみらい線への乗り入れ**に対応したものです。仕様は50050型に近いですが、乗り入れ規格に合わせて車体幅は50000型と同じ、**先頭車の長さは130mm長く**なっています。また、行先表示器がフルカラーLEDになりました。

💡 POINT
先頭車の長さ

東京メトロ副都心線は小竹向原から渋谷までの各駅に可動式ホーム柵が設置されています。50070型の先頭車を長くしたのは、これに合わせるためです。また、副都心線は全線でワンマン運転のため、50070型の運転台にはホーム監視用モニターがあります。

DATA

製造初年：2007年2月、車両数：70
定員(名)：Tc1・2：140、M1′・2・3、T1・2・3：153、M1・2′(車椅子スペース付車)：152
自重(t)：Tc1：27.8、Tc2：28.7、M1・1′：32.7、M2・2′：31.9、M3：31.1、T1・2・3：24.4
最大寸法(mm)：長さTc1・2：20130、
その他：20000、幅2800、高さ4050
主電動機：三相かご形誘導電動機
主制御装置：VVVFインバータ制御装置
ブレーキ装置：回生ブレーキ併用全電気指令式空気ブレーキ
冷房装置：50000kcal/h/車(集中式・マイコン制御)
性能：最高速度120km/h、加速度3.3km/h/s、減速度(常用)3.5km/h/s、(非常)4.5km/h/s

「TJライナー」用の斬新な車両
50090型

森林公園駅にて発車を待つ快速急行50090型。

クロス&ロングシートに転換可能

　2008年6月、東上線で座席定員制の「TJライナー」が運転を開始しました。この列車に使用されているのは、50000系グループの50090型です。車内は「TJライナー」や快速急行の一部では**クロスシート**、一般の列車では**ロングシート**になります。そのため、2種類の座席配置に転換可能な**「マルチシート」**が採用されたのが最大の特徴です。外観では窓の下に**ロイヤルブルーⅡ**のラインがあるので、50000型と容易に識別できます。

💡 POINT
マルチシートの採用

50090型の「マルチシート」は、運転台での操作により、2人掛けのクロスシートが90度回転して窓に背を向けたロングシートに転換します。また、クロスシートの状態では、乗客の操作で向かい合わせにすることも可能です。このような座席は関東の私鉄では初めての導入となりました。

DATA

製造初年：2008年2月、車両数：60
定員（名）：ロング（クロス） Tc1・2：124（118）、M1'・2・3、T1・2・3：135（129）、M1・2'（車椅子スペース付車）：136（131）
自重（t）：Tc1・Tc2：28.2、M1・1'：33.9、M2・2'：33.4、M3：32.3、T1・2・3：25.5
最大寸法（mm）：長さTc1・2：20130、その他：20000、幅2800、高さ4050
主電動機：三相かご形誘導電動機
主制御装置：VVVFインバータ制御装置
ブレーキ装置：回生ブレーキ併用電気指令式空気ブレーキ
冷房装置：50000kcal/h/車（集中式・マイコン制御）
性能：最高速度120km/h、加速度3.3km/h/s、減速度（常用）3.5km/h/s、（非常）4.5km/h/s

東武アーバンパークライン用の新型車両
60000系

8000系の置き換え用として製造された60000系。バリアフリーにも配慮されています。

2013年デビューの最新型列車

60000系の登場は2013年で、東武鉄道の**最新形式**です。50000系を基本に「人と環境にやさしい車両」をコンセプトに設計され、**20m級4ドア**、**アルミ合金製ダブルスキン構造**の車体、**VVVFインバータ制御**といったスペックを持ち、車内の照明はLED化されました。また、主電動機には密閉された構造を採用し、騒音が低減されました。8000系に比べて**電気使用量は約40％も削減**されています。

💡 POINT
外観のカラー

60000系の車体はアルミ合金製で大部分が無塗装、50000系とは異なるカラーリングが採用されています。前面下部と側面上部には東武グループのグループカラーであるフューチャーブルー、ドア両脇には視認性に優れたブライトグリーンが配され、新たな前面デザインと合わせ、独特なイメージが演出されています。

DATA

製造初年：2013年5月
車両数：96
定員(名)：Tc：133、その他：146
自重(t)：Tc1：27.7、M1：33.1、M2：33.1、T1：28.0、M3：31.9、Tc2：27.8
最大寸法(mm)：長さMc1.2：20130、その他：20000、幅2800、高さ4050
主電動機：三相かご形誘導電動機、全閉内扇式
主制御装置：VVVFインバータ制御装置
ブレーキ装置：回生ブレーキ併用全電気指令式空気ブレーキ
冷房装置：50000kcal/h/車(集中式・マイコン制御)
性能：最高速度120km/h、加速度2.23km/h/s、減速度(常用)3.5km/h/s、(非常)4.5km/h/s

日比谷線直通車両の3代目が登場
70000系

カラーリングには赤と黒の原色が使用され、先鋭的なイメージが表現されています。　　　（東武鉄道提供）

車内設備などを一部共通化

　現在、東武鉄道と東京メトロ日比谷線の直通運転に使用されている列車は、東武鉄道の20000型・20050型・20070型と、東京メトロ03系です。これらは相互乗り入れの規格に合わせて、それぞれの鉄道会社が独自に開発した車両です。2014年4月、東武鉄道と東京メトロから、両線の直通運転用の車両を**2016〜19年度に新型車に置き換える**ことが発表され、話題になっています。その新型車は、2社で車両機器や車内の主

💡 POINT
2タイプの新型車
東京メトロ13000系は東武鉄道70000系と車体の側面、車内設備などは基本的に同じですが、カラーリングや前面のデザインが独自のものになります。

🔄 従来車両との比較

比較項目	東京メトロ03系	東武鉄道20000型	13000系・70000系
冷房能力	48.8kW	43.6kW	58.0kW
座席幅	430mm	450mm	460mm
車内液晶画面	なし	なし	17インチワイド液晶×3画面
荷棚高さ	1,800mm	1,797mm	一般部 1,750mm 車端部 1,700mm
吊手高さ(車両端部)	1,660mm	1,660mm	1,580mm

車内装備イメージ

- LED照明の採用
- 冷房能力の向上
- 荷棚：強化ガラス
- 車内表示：17インチワイド3画面
- 連結面：大型強化ガラス
- 優先席・フリースペースの全車設置
- 座席横仕切：強化ガラス採用、大型化
- 座席幅拡大、クッション性向上

（東武鉄道提供）

編成形態

従来の18m車両の8両編成から、20m車両の7両編成となります。

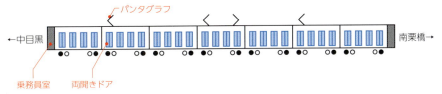

←中目黒　　南栗橋→

- パンタグラフ
- 乗務員室
- 両開きドア

要設備を共通化するのが大きな特徴です。

人と環境に優しい新型車

　新しく登場するのは、**東武鉄道70000系**と**東京メトロ13000系**です。最大の変更は、現行が18m級8両編成なのに対し、**20m級7両編成**となること。ドアは両開きで1両当たり片側4つです。主電動機には**永久磁石同期モーター（PMSM）**が採用され、これが全台車の片方の車輪に搭載されます。つまり、7両編成にある28軸の車輪のうち、**駆動するのは半分の14軸**です。駆動で消費する電力は、20050型より25％も削減されます。車内の設備も、1人当たりの座席幅の拡大、ドア上に17インチワイド液晶表示器を3画面設置、車椅子やベビーカーなどに対応できるフリースペースを全車に設置、照明のLED化など、さまざまな改良が行なわれます。

> **豆知識**
> **永久磁石同期モーター**
> 東武鉄道において永久磁石同期モーター（PMSM）は、2011年から30000系のうち1両(車番35602)や、250系のうち1両にも搭載され、試験されてきました。

東武鉄道の車両寸法図 1

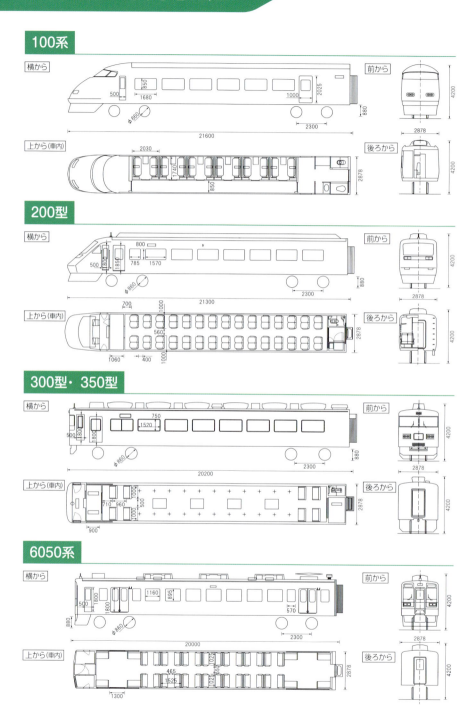

8000系

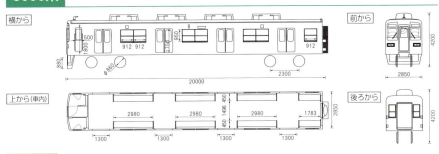

800型

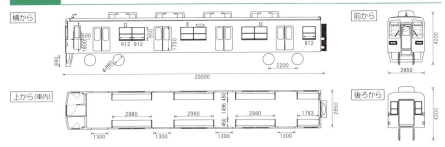

850型

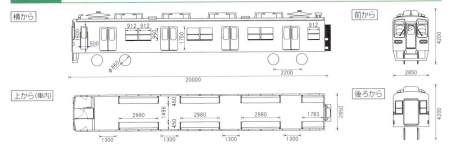

9000型

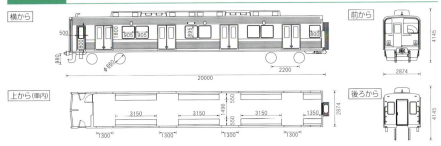

東武鉄道の車両寸法図 2

10000型

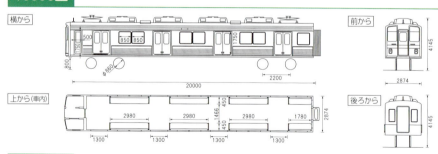

10030型

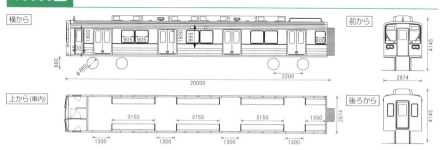

20050型

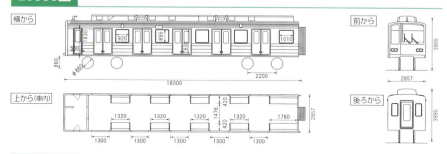

20070型

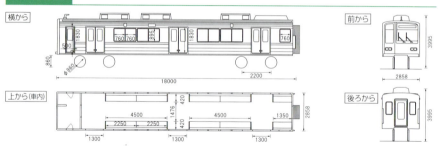

30000系

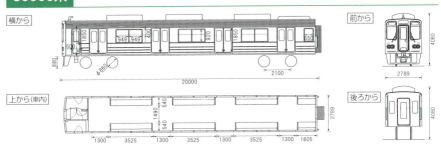

50000型

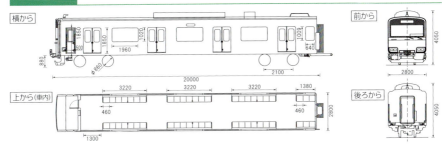

50090型

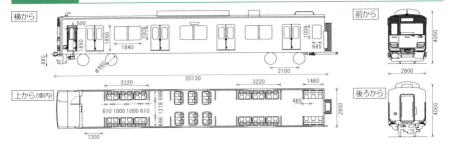

60000系

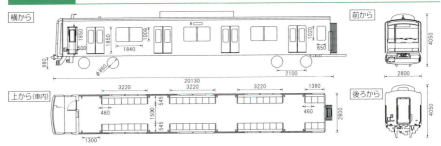

東武鉄道のフラッグシップ
特急用車両の変遷

戦前に登場した特急専用車

　東武鉄道では1929年に日光線が全通したとき、**浅草～東武日光間**で特急の運転が始まりました。はじめは**週末のみ**の運転で、当時から日光が人気の観光地だったことがうかがわれます。翌年から、この特急には**展望デッキ**を持つ貴賓車、**トク1形**が連結されています。そして、1935年からは特急専用の**新型車デハ10系**を使用。これは**関東の私鉄で最初の、本格的な特急車両**です。

　デハ10系は戦時中の休止を挟み、戦後まで特急に使われ、1951年には**より近代的な5700系**へ置き換えられました。前面形状は、貫通式と流線型の非貫通式の2種類があります。デハ10系も5700系も、車体は鋼製ながら内装に木材も用いられた、半鋼製と呼ばれる構造です。

国鉄との競合に圧勝

　1956年には**全金属製車体**でリクライニングシートを備える、新たな特急用列車**1700系**が登場。当初は非冷房でしたが、1959年に冷房化改造されました。このころから、日光へアクセスする優等列車として国鉄との競合が激しくなっていきます。そして、東武鉄道では1960年に**DRC（デラックスロマンスカー）**の愛称を持つ1720系がデビュー。外観スタイルも内装も当時の最先端で冷房も完備し、ビュッフェやサロンもあるという画期的な列車でした。これで国鉄との競合は圧倒的優位となります。1720系は**100系「スペーシア」**に置き換えられ、1991年に引退しました。

　そのほか、戦後の東武鉄道で急行や快速に活躍したクロスシートの車両としては、**5320系**（1951年登場）、**6000系**（1964年登場）などが挙げられます。

豆知識

特急用の専用車両
乗車券のほかに料金を徴収する特急は、関東地方の私鉄では東武鉄道のほか、小田急電鉄、京成電鉄、西武鉄道で運転され、いずれも専用の車両が使用されています。

用語解説

貴賓車
一般の人ではなく、皇室や内外の要人などが乗る特別な車両を貴賓車といいます。現在使用されている鉄道車両でこれに相当するのは、JR東日本のE655系列車の特別車両「E655-1」が唯一です。

全金属製車体
車体の骨組みと外装がすべて鋼製で、内装にも金属や樹脂などが使われ、木製の部品が使用されなくなったものを全金属製車体といいます。日本では1950年代ごろから広く普及しました。

貴賓車トク1形の豪華な客室内。車内には展望デッキが備えられていました。
（東武博物館所蔵）

東武鉄道と競合した国鉄

東京から日光へのアクセスにおける競合では、国鉄もかつては相当な力を入れました。東北本線から分岐して日光へ至る日光線はもとは非電化だったので、1956年に導入された上野発着の準急は新型のディーゼルカーでした。そして電化後の1959年には、特急並みの車内設備を持つ157系列車がデビューします。しかし、東武鉄道のDRCに対し劣勢を強いられ、急行への種別変更や使用車種の交代を経て、1982年に国鉄は日光行き優等列車を廃止しました。

板荷～下小代駅間を走る5700系。

第3章 車両・列車のしくみ

沿線の人たちの生活を支えてきた
一般用車両の変遷

戦後復興の立役者モハ63形

　戦前は車体が木造のものを含め、数々のクラシックな車両が在籍していました。第二次大戦中には空襲による廃車も多数発生し、終戦後の復興を始めるに当たり、**国鉄モハ63形列車**が入線しました。この列車は戦後復興のため多くの私鉄に割り当てられ、東武鉄道向けには40両ありました。後に、名古屋鉄道から譲渡される14両が加わります。モハ63形は車体が**20m級**で、以後この長さが東武鉄道の標準となりました。

　モハ63形は東武鉄道で当初**6300形**となりましたが、1952年に**7300系**に改番のうえ、前面が貫通式に改造されます。翌年には東武鉄道オリジナルの20m級列車、**7800系**が新製で登場し、復興も勢いづきました。また、7300系も後に7800系に準じた新製車体に換装されます。

20m級主体で続く進化

　7800系は東武鉄道の通勤列車の基礎を確立し、その後は完全な新製と、在来車のコンポーネント流用でさまざまな形式が登場します。それらの大部分は**20m級**ですが、地下鉄日比谷線乗り入れ用と一部の支線用は18m級でした。また、1950年代ごろに駆動方式が**吊り掛け駆動式**から、新しい**カルダン駆動式**へと移行します。

　8000系はカルダン駆動式で、1963〜83年に712両が製造されました。また、8000系相当の新製車体と、7800系から流用した機器類を組み合わせた5000系も、1979〜86年に162両製造されました。車体は近代的でありながら、吊り掛け式駆動独特の走行音を発する、不思議な列車でした。車体は長く鋼製のみでしたが、9000系以降は**ステンレス**や**アルミ合金**が使われるようになりました。

豆知識
モハ63形列車
第二次大戦末期から終戦後にかけ、国鉄では20m級、片開き4ドアの通勤列車モハ63形が大量に製造されました。資材が乏しい時期で、徹底した節約仕様でした。

POINT
20m級の車体
輸送力を高めるには、1両当たりのサイズを大きくするのが有効です。しかし、あまり長くするとカーブの通過などに支障をきたすので、多くの鉄道会社で20m級が標準になっています。

豆知識
ステンレス、アルミ合金製
車体を鋼製にする場合、さびが発生することを考慮して板を厚めにします。それに対しステンレスやアルミ合金はさびないので、板を薄くすることが可能で、軽量化につながります。

鋼製列車の塗装の変遷

東武鉄道の一般用の列車の塗装は、戦前から戦後にかけ茶色一色でした。1958年からの一時期には、オレンジにイエローの帯というカラーが一部に採用された後、1961年に新塗装が登場。これはロイヤルベージュとインターナショナルオレンジのツートンで、一般用列車がすべてこの塗装となります。そして、1974年からセージクリーム一色となり、1985年以降は車種によりジャスミンホワイトにロイヤルブルーとリフレッシュブルーの帯を配したカラーが採用されました。

運輸省から東武鉄道に割り当てられた7300系。

私鉄で最も多く製造されたカルダン駆動方式の8000系。

駆動方式

●吊り掛け駆動式

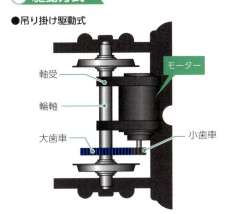

モーターが車軸に支持された構造。構造がシンプルで耐久性に優れるが、騒音や振動が大きい。

●カルダン駆動式

モーターが台車に支持された構造。吊り掛け駆動式に比べ、騒音や振動、車輪が上下に動く際の衝撃も小さい。

第3章 車両・列車のしくみ

都心へ直通する列車
地下鉄乗り入れ用車両の変遷

上野線に乗り入れる2000系。　　　　　　　　（東武博物館所蔵）

私鉄初の営団地下鉄乗り入れ

　1962年、東武伊勢崎線と地下鉄日比谷線の**相互直通運転**が開始されました。これは、同年の地下鉄日比谷線の開業に合わせて始まったもので、私鉄と営団地下鉄（現・東京メトロ）の**直通運転第1号**となりました。また、1964年からは東急東横線と地下鉄日比谷線との相互直通運転も行なわれます。

　地下鉄日比谷線との直通運転に当たり、東武鉄道が導入した新型車が**2000系**です。乗り入れの規格に合わせ車体は**18m級**、**両開き3ドア**です。すでに20m級が標準となっていた東武鉄道において、これは特別な例の一つです。新たな塗装であるロイヤルベージュとインターナショナルオレンジのツートンが最初に採用されたのは、この2000系でした。

　なお、日比谷線は東急東横線とも乗り入れを始めますが、東武鉄道の車両の乗り入れは中目黒までです。

豆知識

乗り入れ車両が並ぶポイント
東武鉄道の伊勢崎線と東上線は離れ離れですが、それぞれの路線から乗り入れてきた列車が、東京メトロ日比谷線と東急東横線が接続する中目黒駅で出会うことがあります。

日比谷線との相互直通運転
東京メトロ日比谷線は1964年から、東急東横線と相互直通運転をしていましたが、2013年にこれを終了しました。首都圏の大手私鉄と地下鉄の直通運転が廃止されたのは、珍しい例です。

日比谷線乗り入れ開始当初の、営団地下鉄の車両。

東京都心部の相互直通運転

第二次大戦中の統制の名残りで、東京の山手線より内側には私鉄の路線は基本的にありません。そこで、地下鉄への乗り入れにより、私鉄が都心部へ直通しています。東京では1960年に都営地下鉄1号線(現・浅草線)と京成電鉄により、初の地下鉄と私鉄の相互直通運転が始まりました。

日比谷線乗り入れ開始当初の東急電鉄の車両。

東京メトロ半蔵門線経由で東急田園都市線に乗り入れた東武鉄道の列車が東急電鉄の列車と並んだところ。

半蔵門線と副都心線へも進出

　東京の鉄道の歴史に新たな1ページを刻んだ2000系は1993年にすべて引退し、現在の日比谷線への乗り入れには**20000・20050・20070型**が使用されています。また、2000系の一部は**2080系**に改造され、1988〜92年の間、野田線で活躍しました。

　東武鉄道の列車が乗り入れる地下鉄は、日比谷線のみという状況がしばらく続きましたが、1987年に東上線と地下鉄有楽町線、2003年に伊勢崎線と地下鉄半蔵門線、2008年に東上線と**地下鉄副都心線の相互直通運転**が始まります。これらの直通運転で使われる車両は、**20m級両開き4ドア**という規格です。また、どちらも地下鉄から先の私鉄(半蔵門線では東急田園都市線、副都心線では東急東横線と横浜高速鉄道みなとみらい線)まで東武鉄道の車両が直通しています。

豆知識
田園都市線の変遷

半蔵門線と相互直通運転をする東急田園都市線は、渋谷〜中央林間間の路線ですが、もとは渋谷〜二子玉川園間が新玉川線、二子玉川〜中央林間間が田園都市線でした。2000年に1つの路線に統合され、同時に二子玉川園から二子玉川に駅名が改称されました。

意外な車両も走っていた
機関車、ディーゼルカー、路面列車

21世紀まで続いた貨物輸送

　東武鉄道というと、日光方面などへ向かう特急や通勤列車が行き交うイメージが強いですが、かつては**貨物列車**も走っていました。1899年に東武鉄道最初の区間、北千住〜久喜間が開業したときから旅客と貨物の両方の営業が行なわれ、当時は**蒸気機関車**が列車を牽引しました。その後、路線網が拡大されると、多くの区間で貨物輸送が行なわれます。

　電化後、旅客は電車になりますが、貨物列車に電気機関車が本格導入されるのは1950年代になってからでした。そして、1966年にようやく蒸気機関車が全廃されます。電気機関車による貨物輸送は2003年まで続きました。東武鉄道は、**日本で最後まで貨物営業を続けた大手私鉄**でもあります。

熊谷線と軌道線の車両

　東武鉄道には戦時中に開業した**熊谷線**がありました。ほかの東武鉄道の路線から離れた「飛び地」で、しかも非電化というユニークな路線だったのですが、ここで1954年から活躍したのが**2000形ディーゼルカー**です。**全長16.5m**の可愛らしい車両で、1983年の熊谷線廃止とともに役目を終えました。

　また、東武鉄道が過去に合併した路線には、**伊香保軌道線**（群馬県）と**日光軌道線**もあります。軌道線とは路面列車規格の路線のことで、一般の鉄道路線とは異なる、小型の列車が走っていました。伊香保軌道線は1956年、日光軌道線は1968年に廃止されました。日光軌道線の列車のうち、100形10両は岡山電気軌道（岡山市を走る路面列車）に譲渡されました。2両は今も現役稼動中で、1両は近年、日光軌道線当時の塗装が再現され、注目を集めています。

豆知識
貨物輸送
東武鉄道の貨物輸送が盛んだった当時、東京都内の業平橋駅に貨物列車が発着していました。東京スカイツリーは、その貨物列車の設備の跡地に建設されました。

POINT
電気機関車のその後
東武鉄道の貨物輸送に使われていた電気機関車の中には、ほかの私鉄に譲渡されたものもあります。現在、三重県の三岐鉄道三岐線に、元東武鉄道の電気機関車3両が在籍しています。

用語解説
軌道線
路面列車用の路線のことを軌道と呼びます。一般の鉄道路線と区別され、軌道法という法律で管理されています。道路上を走るものはもちろん、専用軌道の路線もあります。

東武鉄道で活躍したベイヤ・ピーコック社製のB1型6号蒸気機関車。　　(東武博物館所蔵)

東武博物館に保存されている電気機関車。(東武博物館所蔵)

熊谷線を走る2000形ディーゼルカー。　(東武博物館所蔵)

 Mini Column

東武鉄道の蒸気機関車

東武鉄道で使われた蒸気機関車は、イギリスから輸入されたものが主体で、国産も1両ありました。東武博物館には1898年にイギリスで製造された蒸気機関車、5号と6号が保存されています。この2両は同じ形式で、東武鉄道開業時に輸入されました。5号は開業時の姿に復元された一方、6号機はその後各部の改造を経て廃車となった直前の姿で展示されています。

岡山電気軌道に譲渡された車両「KURO」。

東武鉄道の看板列車
特急「スペーシア」

豪華な内装と装備でおもてなし

　1960年以来活躍してきた看板特急「デラックスロマンスカー」(1720系)の後継車両として1990年にデビューしたのが、100系「スペーシア」です。

　21世紀にふさわしい車両として、「**Fast & Pleasure**」を設計コンセプトに掲げ、乗り心地はもちろんのこと、JRの特急ではグリーン車に装備する**フットレストを全席に配する**など、内装を特急の名に値する豪華なものとしました。

　高級ホテル並みの雰囲気を醸し出すために、銀座東武ホテルを手掛けたアメリカ人デザイナーのR.マーチャントが内装デザインを担当しました。

　また、6号車を**私鉄初の個室コンパートメント車両**とし、4人部屋が6室設けられました。室内には**大型ソファーと天然大理石のテーブル**が置かれ、一度は乗ってみたいと思わされる豪華なものになっています。

　なお、「スペーシア」というネーミングは、一般公募による1万5000通あまりの応募の中から選ばれました。英語のspace（空間・宇宙）にiaを付加し固

車体側面にある、スペーシアのロゴ。

複々線の外側を走り、浅草駅へ向かう外観が「雅」の特急「スペーシア」。

有名詞化した造語です。

1990年に**グッドデザイン賞**を、1991年には**鉄道友の会ブルーリボン賞**を受賞しています。

ルート追加、リニューアル、特別塗装車も登場

長らく浅草〜東武日光、浅草〜鬼怒川温泉の2ルートで運行を続けてきた「スペーシア」は、2006年3月からJR東日本との相互直通特急として、**JR新宿〜東武日光か鬼怒川温泉**という新たな運行ルートが追加されました。2社の連絡駅は栗橋駅で、これにより東京・埼玉の西部地区からの利便性が飛躍的に向上しました。

2011年12月からは、東京スカイツリータウンの開業に合わせて車両リニューアルを開始。「**雅**」「**粋**」「**サニーコーラルオレンジ**」という3種類の異なる外観の編成で走っています。

2015年4月には、日光東照宮四百年式年大祭を記念して、金色の特別塗装車**「日光詣スペーシア」**が1編成登場、さらにJR直通用も1編成追加され、話題になりました。

このように看板列車にふさわしい活躍の「スペーシア」ですが、デビューから四半世紀がたちました。次期特急車両製造も発表される中、今後の勇退についても注目されています。

2011年登場の3種の塗装

「雅」はスカイツリーのライトアップデザインに由来した江戸紫、「粋」は隅田川の水を表した淡いブルー、「サニーコーラルオレンジ」は日光鬼怒川方面行き特急のイメージカラーです。

スペーシア車両の種類

6両編成9本が存在し、うち3編成はJR線内を走行できるよう安全装置などが変更されています。塗装別では、粋、雅各3編成、オレンジ1編成、日光詣2編成です。

豆知識

日光詣スペーシアの配色

荘厳な金色をメインに重厚な黒、艶やかな朱色が帯やラインに用いられ、世界遺産である日光二社一寺の色鮮やかな代表建造物がイメージの基になっています。

私鉄初の個室コンパートメント車両。（写真は日光詣スペーシア仕様）

3号車にあるビュッフェ。飲み物や軽食を購入できます。

人気の「スペーシア」グッズ。

Mini Column

関連グッズも充実

スペーシアの車内販売やネットでの通信販売で、人気のスペーシア関連グッズを買うことができます。キーホルダー、おもちゃ、子供用靴下は、本物の車両同様、3種類の塗装がそろっています。また、日光詣の金色塗装車両のデビュー記念として、えびせんべいが金色塗装の先頭車の形をした箱に入った商品もあります。

東武＆JR相互直通特急

日光への新たなルート開拓

東武とJRの協力で生まれた直通特急

　長年、日光へのアクセスルートとして競合関係にあった東武鉄道とJRが手を組んで新しいルートを開拓しました。それが、2006年3月より運行を開始した東武＆JRの**特急列車の相互直通運転**です。東武鉄道の車両は**特急「スペーシア」**、JRは当初485系でしたが、現在は元成田エクスプレスとして活躍した**253系**が内装・外装のリニューアルを経て使用されています。

新宿発、東武日光・鬼怒川温泉行き

　定期列車の始発駅は、**JR新宿駅**です。湘南新宿ラインのルートを利用し、池袋駅に停まった後、大宮駅へと向かいます。大宮駅からはJR宇都宮線（東北本線）に入り、栗橋駅から東武日光線へと乗り入れます。
　栗橋駅には、JRと東武鉄道をつなぐ連絡線があり、ここで**乗務員が交代**します。乗務員は原則として他社線上では乗務しないからです。ホームはないのでドア

DATA
- 運行区間：JR東日本新宿～東武鉄道東武日光・鬼怒川温泉
- 運行本数：1日4往復
- 所要時間：2時間程度
- 使用車両：東武鉄道／100系スペーシア、JR東日本／253系
- 車両編成：6両編成

POINT
定期列車は4往復
東武鉄道とJRの相互直通特急の定期列車は4往復。日光1号＆8号（JR新宿～東武日光）、スペーシアきぬがわ3号＆2号、7号＆6号、きぬがわ5号＆4号（JR新宿～鬼怒川温泉）。スペーシアきぬがわ以外はJRの車両です。

JR新宿駅に姿を見せた東武鉄道100系「スペーシア」。新宿では見慣れない車両なので注目の的です。

 Mini Column

JRの路線網を利用した臨時列車
JRの広範な路線網を利用して、直通特急は新宿駅以外からの臨時列車を多数運転しています。「はちおうじ日光」は、八王子発中央線経由で新宿駅に行き、そこからは定期列車のルートをたどります。大船発着「きぬがわ」は、従来は湘南新宿ライン経由でしたが、2015年夏からは、上野東京ライン経由で運転しています。千葉発着「日光」は、思いのほか浅草駅へ行きにくい総武線沿線からの需要を開拓しています。秋葉原駅を通り、新宿からは定期列車と同じ経路です。

は開かず、乗客の乗り降りはできません。

東武線に入ると、列車は浅草発の特急と同じルートを走ります。栃木駅、新鹿沼駅、下今市駅に停まり、その後は、東武日光駅へ行く列車、鬼怒川温泉駅へ向かう列車と行き先により走る線路は変わります。

新宿発「スペーシアきぬがわ」の指定券。

便利になった駅は？

従来、東武日光駅や鬼怒川温泉駅へ行くには浅草駅もしくは北千住駅まで出向く必要がありました。とくに東京西部に住んでいる人にとって、**新宿駅、池袋駅から乗り換えなしで東武日光駅や鬼怒川温泉駅へ行ける**のは利便性が高く、鉄道利用の観光客の増加につながりました。

大宮駅からの乗客も、従来は東武アーバンパークラインで春日部駅に出て、特急に乗り換える必要がありました。直通の特急に乗れるようになり、利便性が高まりました。

豆知識

グリーン車があるのはスペーシアだけ

東武鉄道、JR、どちらの車両も6両編成です。JRは普通車全車指定席、東武鉄道の「スペーシア」は6号車がコンパートメント車両となっていますが、JR線内での扱いはグリーン車です。

停車駅

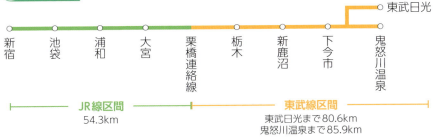

新宿 — 池袋 — 浦和 — 大宮 — 栗橋連絡線 — 栃木 — 新鹿沼 — 下今市 — 鬼怒川温泉／東武日光

JR線区間 54.3km

東武線区間 東武日光まで80.6km 鬼怒川温泉まで85.9km

栗橋駅構内にある東武鉄道とJRの連絡線を通過するJR東日本の253系。

伊勢崎線をメインに活躍する
特急「りょうもう」

館林駅に到着した特急「りょうもう」。

急行から特急へ格上げされた列車

　長年、座席指定の急行として親しまれた「りょうもう」は、1999年に特急に格上げされ、以後、**伊勢崎線をメイン**に活躍しています。

　車両は専用の**200型**と**250型**が使われています。250型は1編成しかありませんが、外観は200型とほぼ同じ。性能は異なりますが、どちらも同じように使われています。**6両編成**で、すべて普通車。**回転式のリクライニングシート**でゆったりくつろげます。売店や車内販売はありませんが、3カ所に飲料の自動販売機とトイレがあります。

　「りょうもう」は、朝から夜まで**1時間に1〜2本**運転されています。主に、浅草〜館林〜太田〜赤城という伊勢崎線、桐生線を直通運転するルートを走ります。赤城行きのほか、太田行き、そして1本だけ館林行きがあります（上りは、太田始発、館林始発）。

DATA
種類：特急列車
運行：1999年3月（特急に格上げ）
運行区間：浅草〜館林、太田、伊勢崎、葛生、赤城
車両：200型、250型

「りょうもう」のロゴ。車体サイドに描かれています。

2016年6月17日からは、東武鉄道と台湾鉄路管理局との友好鉄道協定を記念して、特急「りょうもう」の200型車両1編成の塗装が、台鉄自強号「普悠瑪」のデザインに変更されました。

おトクな割引料金

「りょうもう」には、午後割、夜割という通常料金より安くなるおトクな料金設定があります。12〜16時台に浅草駅を発車する7本の列車と夕方17時以降に赤城駅と太田駅を出る7本の列車で、例えば、浅草〜東武動物公園は310円(通常料金は510円)、浅草〜館林・太田・赤城は820円(通常料金は1030円)という料金設定です。

停車駅

東武スカイツリーライン — 伊勢崎線

浅草 / とうきょうスカイツリー / 北千住 / 東武動物公園 / 久喜 / 加須 / 羽生 / 館林 / 足利市 / 太田 / 木崎 / 境町 / 新伊勢崎 / 伊勢崎

佐野線：佐野市 / 佐野 / 田沼 / 葛生

桐生線：藪塚 / 新桐生 / 相老 / 赤城

このほか、館林駅から佐野線に乗り入れて葛生駅まで往復する列車、太田駅から伊勢崎駅に向かう列車がありますが、いずれも浅草発は夜間の1本、葛生と伊勢崎発は朝1本となっており、通勤客も便利に利用できる運行となっています。

停車駅と利用客の傾向

赤城行き列車の停車駅は、浅草駅を出発すると、とうきょうスカイツリー駅(浅草発10時前の列車は通過)、北千住駅、東武動物公園駅、館林駅、足利市駅、太田駅、藪塚駅、新桐生駅、相老駅、赤城駅です。一部の列車は、久喜駅、加須駅、羽生駅にも停車します。利用客は、ビジネスなどの所用で沿線を訪れる人が多いようです。相老駅で**わたらせ渓谷鐵道**と接続しているので、トロッコ列車に乗り換えて足尾銅山に観光で訪れる際も、JR利用よりも便利なルートとして人気です。

POINT
さまざまな「りょうもう」

佐野線乗り入れ列車は浅草発、19時40分。館林駅から先は、佐野市駅、佐野駅、田沼駅、葛生駅に停車。葛生発は、8時6分。伊勢崎行き列車は、浅草発20時40分。太田駅から先は、木崎駅、境町駅、新伊勢崎駅、伊勢崎駅に停車します。

豆知識
特急券なしでも「りょうもう」に乗れるサービス

とうきょうスカイツリー駅から浅草駅までの乗車に限り、特急券を買わずに乗車券のみ(150円、ICカードなら144円)で乗車できます(スカイツリートレインは除く)。しかし、乗車時間はわずか3分ほどです。

展望窓が設けられた列車
スカイツリートレイン

東京スカイツリーをバックに停車するスカイツリートレイン。

沿線の観光に最適な車両

　スカイツリートレインは、車内からの展望の良さが考慮されたユニークな車両です。北関東から東京スカイツリータウンへ、あるいは東京スカイツリータウンから北関東、日光、鬼怒川、そして会津への観光の足として利用でき、車窓の景色も楽しめる列車です。

　浅草駅発の快速に使われていた6050系をリニューアルして誕生した634型スカイツリートレインは、**2両編成が2組**あり、それを連結した**4両編成**としての運用が多くなっています。

　車内は2人掛けと1人掛けの**クロスシート**が多く、2号車と4号車の片側には窓の方を向いた**ペアスイートが9組設置**されています。車窓を眺めるには最適な座席でしょう。大きな窓のほか、屋根から回り込む天窓のような展望窓もあるので、スカイツリーを下から眺めることもできます。

DATA
種類：特急列車
運行：2012年10月開始
運行区間：浅草駅〜大宮、東武日光、鬼怒川温泉、新栃木
車両：634型
編成：2両×2両編成 合計4両
座席数：118席（4両編成の場合）

スカイツリートレインの記念乗車証。

🕐 運行エリア

平日は臨時列車のみの運用ですが、土・日曜日はあらかじめ決められたルートを走ります。

土曜日
- 大宮駅発→浅草駅着
- 浅草駅発→鬼怒川温泉駅着
- 東武日光駅発→浅草駅着
- 浅草駅発→新栃木駅着

日曜日
- 鬼怒川温泉駅発→浅草駅着
- 浅草駅発→鬼怒川温泉駅着
- 東武日光駅発→浅草駅着
- 浅草駅発→新栃木駅着

🕐 車両設備

窓向きにセットされたペアスイート。　クロスシートの車内。　イベントスペース。

ユニークな車内設備で楽しさ倍増

　前面展望スペースは2人分しかありませんが、サロンにある数人分のソファーはゆったりしています。ユニークなのは、1号車と3号車にある**イベントスペース**。カラオケ設備があって、ステージとして利用でき、映像モニターにはそこで歌う様子を映し出すこともできます。この映像モニターには前面展望映像をリアルタイムで映し出すことも可能で、鉄道ファンには楽しみな装置でしょう。

　平日は団体専用列車として運用され、定期的には走っていませんが、土・日曜日はあらかじめ決められたルートを走っています。日光駅、鬼怒川温泉駅のほか新栃木駅や大宮駅と浅草駅の間で運転されています。また、期日限定で北千住駅から鬼怒川温泉駅を通り、野岩鉄道経由で会津鉄道の会津田島駅まで往復する**スカイツリートレイン南会津号**が運転されることもあります。

📖 用語解説
クロスシート
列車の進行方向または進行方向の逆側を向いている座席のこと。4人向かい合わせの固定シートはボックス席と呼ぶ場合がある。2人掛けのときは向きを変えることができるものが多い。

🌱 豆知識
サービスカウンター
1号車と3号車にあるサービスカウンターでは、軽飲食やスカイツリートレイン関連のグッズが発売されています。記念撮影用に日付が入ったボードも貸し出されています（一部列車を除く）。

かわいいシートのデザイン
シートの色は車両により赤系と青系の2種類があります。デザインは東京スカイツリー公式キャラクターの「ソラカラちゃん」「スコブルブル」「テッペンペン」のシルエットがあしらわれたものです。

かつての座席指定急行
300型「きりふり」、350型「しもつけ」

元は急行「りょうもう」1800系

　かつて座席指定の急行「りょうもう」に使われた1800系は、200型の登場により主役の座を譲ることになりました。その後、1800系の一部は改造され、日光線の急勾配に対応できる機器の追加装備を行ない、1991年に急行用300型・350型として、新たな役目を担うことになりました。さらに、2006年には日光線系統の急行が特急に格上げされ、300型・350型は特急車両として活躍しています。

通勤にも使われる300型特急

　300型列車は、6両編成で**特急「きりふり」**に使われています。「きりふり」の定期列車は、平日の下り列車としては、春日部行きの283号と南栗橋行きの285号の2列車のみです。夜間の運転で、都心から帰宅する人に多く利用されています。

DATA

きりふり
種類：特急列車
運行：2006年3月開始
運行区間：浅草～春日部、南栗橋、東武日光
車両：300型

用語解説

きりふり
列車名の「きりふり」とは、目的地をイメージさせる愛称として名づけられたものです。日光行きにふさわしい列車名ですが、定期列車は日光には遠く及ばず、首都圏の通勤にとどまった運行です。

「きりふり」時刻表

	283号	285号
浅草	19:30	21:30
とうきょうスカイツリー	19:33	21:33
春日部	20:04	22:05
南栗橋		22:23

※主要駅のみ掲載しています。

350型「しもつけ」

浅草駅を出ると、とうきょうスカイツリー駅、北千住駅、春日部駅に停車、南栗橋行きは、春日部駅の後、東武動物公園駅、杉戸高野台駅、幸手駅、南栗橋駅に停まります。

ほかに、昼間の臨時列車としては**東武日光行き「きりふり275号」**があります。300型が昼間に走るときは、もともと急行用の車両であるため、少し安めに設定された特急料金になっています。また、南栗橋行きの「きりふり」に春日部～南栗橋間だけ乗車するときは、特急料金が不要です。

短いホームに対応する350型特急

350型列車は、もっぱら**東武宇都宮線に直通する特急「しもつけ」**に使われています。**4両編成**なのは、宇都宮線内の駅のホームが4両までの長さしかないからです。

朝に東武宇都宮駅を出発して浅草駅へ向かう1本と、夕方に浅草駅を出て東武宇都宮駅へ向かう1本のみが運転されています。

300型・350型は、ほかに、**臨時特急「ゆのさと」**や各種団体列車、それに「尾瀬夜行23：55」「スノーパル23：55」にも使われています。

DATA

しもつけ
種類：特急列車
運行：2006年3月開始
運行区間：浅草～宇都宮
車両：350型

豆知識

塗装の移り変わり
1800系時代はローズレッドに白帯という赤を基調とした姿でしたが、300型・350型になってからは、ジャスミンホワイトを基調としパープルルビーレッドとサニーコーラルオレンジの帯を巻いた色合いになりました。

「しもつけ」時刻表

	上り	下り
東武宇都宮	8:00	20:22
新栃木	8:31	19:50
春日部	9:15	19:05
とうきょうスカイツリー	9:45	18:33
浅草	9:51	18:30

※主要駅のみ掲載しています。

編成図

指＝座席指定席

きりふり 300型（6両編成）
←東武日光・新藤原　　浅草→
| 1 | 2 | 3 | 4 | 5 | 6 |
| 指 | 指 | 指 | 指 | 指 | 指 |

しもつけ 350型（4両編成）
←東武宇都宮　　浅草→
| 1 | 2 | 3 | 4 |
| 指 | 指 | 指 | 指 |

Mini Column

通勤にも使える特急列車

各鉄道でゆったり座って帰れる特急が通勤時間帯にもさかんに運転されていますが、東武鉄道も伊勢崎線を中心に本来遠距離の特急の停車駅を増やすことでその役割を担う列車を走らせています。本文で述べた南栗橋行き「きりふり」も春日部駅以遠で多くの駅に停車しますが、「りょうもう」も夕方以降の下り列車は、久喜駅、加須駅、羽生駅に停車します。特急料金も昼間の料金よりも安く設定され、浅草～東武動物公園、久喜なら300円となり、気楽に利用できます。

東上線ラクラク通勤の強い味方
座席定員制列車「TJライナー」

平日は夕方18時以降、30分ごとに発車する「TJライナー」。必ず座れるので好評。

長距離通勤客に高い評価

　2008年6月に運転を開始した「TJライナー」は、東上線の**座席定員制列車**。4扉ロングシートという通勤型車両が多い東上線においてクロスシートでの運行も可能な列車です。

　「TJライナー」は、ゆったりと座って帰宅したいという利用者の要望に応えて、夕方以降の時間帯に池袋駅を発車する列車として誕生しました。運行開始以来、好評のため増発され、2016年夏の時点では、平日は18時発から24時発までの13本、土曜休日は17時発から21時発までの9本が下りとして運行されています。また上りは、6時11分と8時18分に森林公園駅を発車する2本（平日のみ）です。

　停車駅は、池袋駅を出ると、ふじみ野駅、川越駅、川越市駅、坂戸駅、東松山駅、森林公園駅、つきのわ駅、武蔵嵐山駅、小川町駅です。一部列車が森林公園

DATA
種類：座席定員制列車
運行：2008年6月開始
運行区間：池袋〜小川町
車両：50090型
料金：着席整理券310円

「TJライナー」の発車案内。発車時刻と空席状況が分かる。

「TJライナー」の車内は東上線では貴重なクロスシート。

> **東上線の「ハイキング特急」**
> 東上線の優等列車として歴史に残っているのが「フライング東上」です。イギリスの名列車「フライング・スコッツマン」にあやかった愛称を掲げて、春と秋の行楽シーズンにハイキング特急として1949年春に登場しました。4両編成の青い車体に黄色の帯の入った編成などがありました。車内でレコードプレーヤーをかけて音楽を流したというエピソードも広く知られています。

停車駅と所要時間

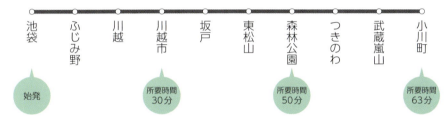

池袋（始発） ― ふじみ野 ― 川越 ― 川越市（所要時間30分）― 坂戸 ― 東松山 ― 森林公園（所要時間50分）― つきのわ ― 武蔵嵐山 ― 小川町（所要時間63分）

行きで、ほとんどの列車が**小川町行き**となっています。

必ず座れる「着席整理券」

　車内は、一部を除いて2人掛けクロスシート。ロングシートにも転換できる**マルチシート**を採用した**50090型列車**を専用で使用しています。座席定員制のため、乗車するには**乗車券**（ICカード使用も可）のほか**着席整理券**が必要です。整理券であって指定券ではないので、どの座席に座るかは早いもの順です。ただ、着席整理券は座席分しか発売されないので、必ずどこかの席には座れます。

　池袋駅では5番ホームが**専用ホーム**となり、特別な改札口が設けられています。そのため事前に着席整理券を購入しなければ5番ホームには入れません。なお、ふじみ野駅より先の駅から乗車するときは整理券が不要ですが、座れるかどうかの保障はありません。

> **用語解説**
> **マルチシート**
> 車内の座席配置をロングシート、クロスシート、どちらにも変換できる便利なシート。

> **POINT**
> **「TJライナー」の意味**
> 「TJライナー」の名称は、東上のローマ字表記TOJOのTとJを組み合わせたものです。なお、東上線の駅ナンバリングもTJです。

> **豆知識**
> **「TJライナー」の乗車に必要な切符**
> 乗車券のほか、着席整理券が必要です。着席整理券は、専用券売機で購入できるほか、ネット着席整理券もあります。料金は上り（池袋行き）が410円（ふじみ野駅からは310円）、下り（小川町方面）が310円です。

第3章　車両・列車のしくみ

一部の列車はクロスシート車両
東上線快速急行

快速急行ができた理由とは？

　東上線の列車種別には、かつてはロングシートながら有料ではない特急がありました。しかし、2008年のダイヤ改正で廃止となり、代わって登場したのが快速急行です。

　東上線の優等列車の主流は**快速**と**急行**で、快速急行の本数は少なく、時間帯も限られています。

　快速急行は、夕方から夜間にかけて池袋駅へ向かう上り列車を中心に運転されています。この時間の車両は**50090型**で、「TJライナー」と同じものです。池袋発の「TJライナー」を運転するためには50090型を池袋駅まで送り込む必要があり、この運用に快速急行を当てています。快速急行は中長距離旅客の利便性向上を目的に運行しており、平日は朝時間帯の上り、土休日は朝時間帯の上り下りも運行しています。また、TJライナー運用の50090型は、森林公園検修区のほか、下板橋留

DATA

新設：2008年6月
英文：RAPID EXPRESS
運行：平日ダイヤは上りのみ、土曜休日ダイヤは朝下りと上り
車両：限定なし

豆知識
土曜休日の快速急行
午前の列車はロングシート。夕方から夜間にかけては「TJライナー」送り込み運用のクロスシートですが、森林公園19時58分発は、池袋到着後に「TJライナー」にならず、一般車として運用されます。

森林公園発池袋行きの快速急行。池袋駅到着後、折り返しで、「TJライナー」になります。

置線からも出庫します。

快速急行の車内はさまざま

夕方の時間帯は、森林公園からはクロスシートのまま池袋駅に向かいます。停車駅は、東松山、坂戸、川越市、川越、志木、和光市、池袋です。なお、「TJライナー」と同じクロスシート車であっても特別料金は必要ありません。**乗車券**だけで乗車できます。

池袋駅到着後は、乗客を降ろした後、一旦ドアを閉め、自動で座席の向きを変えて「TJライナー」として小川町駅まで運転されます。そして、折り返しは快速急行として池袋駅へ戻ります。平日の夕方から夜にかけては、森林公園始発の列車が3本、小川町始発が4本、快速急行として運転されています。

これ以外にも午前に上り快速急行や土曜休日の午前に下り快速急行がありますが、**「TJライナー」送り込み運用**ではないので、一般のロングシート車が使われています。まれに50090型のこともありますが、その場合でもクロスシートではなくロングシートとして運転されています。

快速急行の行き先表示板。

用語解説
送り込み運用
特急車両などを車両基地から始発駅まで回送する際、その間、営業列車として運行する場合があります。東上線快速急行のように「乗り得」列車となることが多く、鉄道ファンには人気があります。

快速急行の車内はクロスシート。池袋到着後は自動で向きが変わります。

Mini Column

日光線・伊勢崎線の快速急行

かつては、日光線と伊勢崎線でも快速急行が走っていました。「りょうもう」が急行だったころ、5700系などのクロスシート車は車内設備が劣るため、同等の料金を徴収できないと考えられ、急行よりもやや下位のランクの等級として快速急行という種別が設けられました。その後、有料急行はすべて特急に格上げされ、6050系使用の列車は快速として走っています。そのため、現在、快速急行という種別があるのは、東武鉄道では東上線のみです。

特急&TJライナー チケットレスサービス

便利なチケットレスサービス

　以前は、指定席は駅の窓口か自動券売機で購入する必要がありました。普段から駅に立ち寄れたり、乗車する列車の発車時間前に駅に着く余裕があったりする場合なら、それほど面倒ではないでしょう。しかし、駅に立ち寄れず、事前に座席を押さえておきたいときには少々不便です。そのような利用者の要望とパソコンや携帯電話（スマートフォン）の普及を背景に、東武鉄道でも特急券などのチケットレスサービスが始まりました。

サービスを利用するための手続き

　チケットレスサービスの利用には、**東武携帯ネット会員への会員登録**が必要です。**入会金、年会費は無料**なので、頻繁に特急や「TJライナー」に乗らない人でも気楽に利用できます。また、特急券などの購入にはクレジットカード情報の登録が必要です。これで、**何回でもチケットレスサービス**が利用できるのです。

　あとは、パソコンや携帯電話の画面に表示される手順に従って希望の列車の特急券などを購入します。購入が完了したら、画面にネット特急券が表示されるので、これを保存し、改札口などで駅係員に提示します。

　また、購入後に乗車予定が変わる場合も駅の窓口に行く必要はありません。パソコンや携帯電話で変更や取り消しができます。

　このサービスに登録すれば、東武鉄道の**運行情報メール**を受け取ることもできます。ダイヤ乱れなどもいち早く分かるので便利です。

　鉄道各社にもチケットレスサービスがありますが、利用方法が異なることもあるので、一度、ご自身のパソコンや携帯電話で試してみることをお勧めします。

DATA

特急券チケットレスサービス
購入開始日：乗車日の1カ月前の午前9時から
購入期限：発車時刻の5分前まで

DATA

TJライナーチケットレスサービス
購入開始日：上り（池袋行き）乗車日の1週間前の午前4時50分から　下り（小川町方面）乗車当日の午前4時50分から
購入期限：発車時刻の5分前まで

用語解説

乗り得ポイント
東武カードでチケットレスサービスを頻繁に利用すれば、東武グループポイントが貯まり、貯まったポイントは、Webサービスでの商品の交換や、東武グループポイント参加施設で使えるお買物券と交換できます。東武沿線に住んでいたり、しばしば出かけるならチケットレスサービスは利用した方が得です。

東武鉄道チケットレスサービスのPCサイトのトップ画面（スマートフォンでも購入できます）。

チケットレスサービスの利用者

チケットレスサービスというと1人で携帯を操作して、1人で乗るというビジネスマンの出張用というイメージがあります。たしかに「TJライナー」チケットレスサービスで購入できる席数は1名までです。しかし、日光や鬼怒川方面への特急利用では観光目的の乗客のために、4名分まで購入できるシステムになっています。「TJライナー」の場合、購入開始時間は乗車日の午前4時50分です。

特急券・着席整理券の購入手順

チケットレスサービスの利用には、「東武携帯ネット会員」への登録が必要。

乗車の際は、ネット特急券の表示画面を駅係員に提示する。

JR以外の私鉄唯一の夜行列車
尾瀬夜行＆スノーパル23：55

貴重な私鉄の夜行列車

　JR以外では**全国唯一の夜行列車**が東武鉄道では走っています。その名は、「尾瀬夜行23：55」と「スノーパル23：55」。23：55（にーさんごーごー）というのは浅草駅の出発時刻で、以前は5分早い出発時間だったので、23：50（にーさんごーまる）と呼ばれていました。

　運転区間は、浅草駅から鬼怒川温泉駅、新藤原駅を経て野岩鉄道に乗り入れ、その終点の会津高原尾瀬口駅まで。車両は特急用の300型6両編成で、寝台車ではなく座席車です。長距離といっても175kmほどの運行で、昼間の快速列車なら3時間10分くらいで走り切ってしまいます。そのため、夜行ならではの工夫があります。

DATA

尾瀬夜行23：55
乗車駅：浅草駅、北千住駅、新越谷駅、春日部駅
定員：毎回396名
発売期間：乗車日の1カ月前から当日の17時まで
車両：300型6両編成
その他：全車両禁煙、全席指定、6号車は女性専用車

豆知識

東武夜行のサービス
全員にブランケット貸与とスリッパが配布されます。また、2015年の尾瀬夜行では、乗車記念のオリジナルピンバッジが専用バスの中でもらえました。

夜行の運行日、運行ダイヤなど

　「尾瀬夜行23：55」は、浅草駅を出ると、北千住駅、

🕐 時刻表

尾瀬夜行23：55

23：55	浅草駅発
3：18	会津高原尾瀬口駅着
4：20	会津高原尾瀬口駅発（尾瀬夜行専用バス）
6：10	沼山峠着

スノーパル23：55

23：55	浅草駅発
5：18	会津高原尾瀬口駅着
6：10	会津高原尾瀬口駅発（スノーパル専用バス）

①6：40ごろ たかつえスキー場着
②7：00ごろ だいくらスキー場着

Mini Column

東武鉄道の夜行列車

現在の「尾瀬夜行23：55」と「スノーパル23：55」は、野岩鉄道が開業した1986年以降の運転ですが、東武鉄道の夜行列車の運行はそれ以前からありました。1955年から日光夜行「こんせい号」が運転され、東武日光で仮眠後、路面列車やバスで奥日光へ向かっていました（日光夜行は1998年まで運転）。また、赤城夜行が浅草〜中央前橋（上毛電鉄）で運転されていましたが、こちらは1967年に終了しました。

新越谷駅、春日部駅に停車した後は、終点の会津高原尾瀬口まで停まりません。運転停車はありますが、ドアは開かないので**乗り降りはできません**。会津高原尾瀬口駅に到着するのは、午前3時18分。この時間に起こされるのはつらいという乗客の気持ちを汲み取り、**3時50分ごろまでは車内で仮眠**できるよう、室内灯が消され、常夜灯のみの点灯が行なわれています。

　この夜行列車への乗車は、ツアープランに組み込まれており、**東武トップツアーズ**で発売されています。午前4時20分発の専用バスで沼山峠に向かい、早朝から**尾瀬**を楽しめる行程になっているのです。駅で切符を買うことはできませんし、列車に乗るだけというプランもありません。

スキー＆スノーボード客のための夜行列車

　「尾瀬夜行23：55」は、6月から10月中旬にかけて、金曜の夜を中心に出発する列車です。一方、「スノーパル23：55」は**スキー＆スノーボード専用列車**として、年末から3月にかけて金曜と土曜の夜を中心に運転されます。春日部駅までのダイヤは「尾瀬急行23：55」と同じですが、会津高原尾瀬口到着は午前5時18分着となり、専用バスでスキー場に向かいます。

DATA

スノーパル23：55
乗車駅：浅草駅、北千住駅、新越谷駅、春日部駅
定員：毎回348名
発売期間：乗車日の1カ月前から当日の17時まで
車両：300型6両編成
その他：全車両禁煙、全席指定、6号車は女性専用車

用語解説

運転停車
乗客の乗り降りのためではなく、乗務員の交代や単線区間の列車行き違いなど運転上の都合で停車すること。「スノーパル23：55」では、時間調整のため新藤原駅でかなりの時間停車します。

POINT

人気の尾瀬へのアクセス
尾瀬への行き方は複数あります。中でも、東武鉄道の夜行列車とバスを使って沼山峠から入る方法は、尾瀬沼・大江湿原へわずか1時間歩くだけで行けるルートとして人気があります。

スキー＆スノーボード専用列車の「スノーパル23：55」。　　　　　　　　　　　　　（東武鉄道提供）

東武線を走るディーゼルカー
AIZUマウントエクスプレス

東武日光駅から下今市駅に到着した「AIZUマウントエクスプレス」のディーゼルカー。ここで進行方向を変えて会津若松へ。

東武線内をディーゼルカーが！?

　現在は100％電化されている東武鉄道。貨物列車がなくなり、旅客輸送のみで使われている車両はすべて**電車**です。保線などの事業用車両を除いて、所有車両は電車ばかりです。

　ところが、よく見てみると東武線内を走る列車の中には例外があります。電車以外の車両、**ディーゼルカー**が走っているのです。もちろん、東武鉄道はディーゼルカーを所有していないので、他社からの乗り入れ車両です。それは、非電化区間のある会津鉄道からやってくる列車「**AIZUマウントエクスプレス号**」です。

会津鉄道の運転士が東武線内を走る

　「AIZUマウントエクスプレス号」はJR会津若松を出発し、JR只見線、会津鉄道、野岩鉄道を経由して

DATA

列車種別：快速列車
運行区間：喜多方駅・会津若松駅 - 鬼怒川温泉駅・東武日光駅
経由線区：JR磐越西線・JR只見線・会津線・野岩鉄道会津鬼怒川線・東武鬼怒川線・東武日光線
使用車両：AT-700形、AT-750形、AT-600形、AT-650形
運行開始日：2002年3月23日

「AIZUマウントエクスプレス号」のディーゼルカー車内。快速列車ですが、特急車両並みのゆったりしたシートです。

Mini Column

東京都内から会津若松へのルート
まずは、東北新幹線＋磐越西線とJRを使う方法があります。所要時間は3時間を切り、料金は最低でも8760円。一方、浅草駅から特急「スペーシア」と「AIZUマウントエクスプレス」を乗り継いでも行けます。所要時間は4時間少々、料金は6020円。急ぐなら新幹線利用ですが、のんびり車窓を楽しみながら旅をするなら、料金もお得な東武、野岩、会津鉄道経由がお勧めです。鬼怒川温泉駅乗り換えなら、階段の上り下りもありません。

東武日光線の架線の下を走るディーゼルカー。

車体に付けられているロゴ。

　新藤原駅から東武鬼怒川線に乗り入れます。**1日3本**あり、うち2本は**鬼怒川温泉**が終着駅。しばらく停車した後、会津若松駅へ来た道を戻っていきます。

　残りの1本ですが、鬼怒川温泉からさらに南下し、東武鬼怒川線を走破して下今市駅に到着。ここで進行方向を変え、日光線に入り**東武日光**が終点です。

　ところで、東武鉄道はディーゼルカーを所有していないので、ディーゼルカーを運転できる乗務員がいません。**電車とディーゼルカーでは運転免許が違う**ので、電車運転士はディーゼルカーの運転免許を取らない限り運転台に座れないのです。したがって、例外的に会津鉄道のディーゼルカー運転士が、そのまま東武線内でもハンドルを握ることになります。地下鉄直通運転のように境界駅での運転士交代がないのです。

　「AIZUマウントエクスプレス号」は快速列車で全席自由席なので、運賃だけで乗車できます。

POINT
鉄道車両の運転免許
鉄道車両を運転するには列車は「甲種電気車運転免許」、ディーゼルカー（気動車）は「甲種内燃車運転免許」が必要です。列車でも新幹線は「新幹線電気車運転免許」という別種の免許が必要になります。

用語解説
非電化区間
電気車両を動かすのに必要な架線（架線の代わりに第3軌条の場合もある）が張られていない路線。列車は運転できず、ディーゼルカーや蒸気機関車が走っています。

豆知識
喜多方乗り入れ
鬼怒川温泉駅10時1分発の「AIZUマウントエクスプレス号」は土曜休日限定で会津若松からJR磐越西線に乗り入れて喜多方まで行きます。蔵の町の訪問に便利です。

第3章　車両・列車のしくみ

東京メトロ日比谷線直通運転用車両
唯一の18m車20000系

日比谷線直通列車が18m車なのは？

東武スカイツリーラインと日光線は、**東京メトロ日比谷線と相互直通運転**を行なっています。直通運転区間は日比谷線の中目黒駅から北千住駅、東武動物公園駅を経由して南栗橋駅までです。日比谷線は、東京メトロの中では銀座線、丸の内線に続き1964年に全通した古い路線です。そのため**急カーブが多く、車両の長さは18m、ドアは1両につき片側3つ**です。

日比谷線は当初、中目黒駅で東急東横線と、北千住駅では東武伊勢崎線と相互直通運転を行なっていました。首都圏の通勤列車の車両は、20m4扉車が多く、東武鉄道も20m車が主流になりつつありましたが、日比谷線の都合で18m3扉車に合わせざるを得なかったのです。

東京メトロ日比谷線直通列車には東武20000系と東京メトロ03系が使われています。いずれも18m車です。

用語解説
東京メトロ日比谷線
中目黒〜北千住間の20.3km、21駅。中目黒付近および南千住の三ノ輪寄りから北千住までは地上を走っています。谷塚駅より北の普通列車用上りホームには、昼間は日比谷線直通列車しか停車しません。

18m車がもたらした影響とは？

長らく**18m車8両編成**で運用されてきた日比谷線直通列車ですが、混雑が激しくなってきたので、編成

東武線内を走る20000系。

 Mini Column

日比谷線に20m車が入れるのか？
調査の結果、車両は問題なくトンネルを通過できるそうです。ただし、線路際に立っている標識の一部は移設しなくてはならないとか。また、車両が長くなると、カーブ上にあるホームで停車した場合、ドアとホームの間のすき間が広がるので何らかの対策が必要になります。20mの4扉車がそろった時点で、多種の列車が停車していた東武線ホームはドア数がそろうことになり、これで可動式ホーム柵の設置が検討されることになります。

の前2両、後ろ2両を**5扉車**とするものが登場しました。この編成では、中間の4両が3扉車です。

20m4扉車が多くなってくると、いろいろなタイプの列車が発着するホームでは、乗車位置がバラバラになってしまいます。さらに、可動式ホーム柵が普及してくると、車両の扉の位置を統一しないとホーム柵の設置が難しくなります。さまざまな事情から日比谷線は、2013年3月の渋谷駅での東急東横線と東京メトロ副都心線の相互直通運転を機に、中目黒駅での東急東横線との直通運転を取りやめてしまいました。

複々線の内側2線を走る20000系。日比谷線直通列車の一部は、今では南栗橋駅まで行きます。

いよいよ日比谷線も世代交代

東京メトロ日比谷線と東武鉄道との相互直通運転は継続していますが、ついに日比谷線の車両をすべて**20m車**に取り替えることになりました。技術的に、日比谷線内を20m車で走らせても問題がないことが確認されたからです。ただし、そのまま8両編成にしてしまうとホームの長さが足りなくなってしまうので、**7両編成**になります。それでも1編成の乗車定員はほぼ変わらず、輸送量に問題はありません。2016年度から20m車の投入が行なわれ、2019年度中にはすべての車両が置き換わる予定です。将来的には18m車が東武線上から消える日が来ることになるでしょう。

豆知識

多扉車

1両の片側のドアは20m車の場合4扉が通勤列車の標準ですが、それ以上ドアがあるものも存在します。20m5扉車、20m6扉車、18m5扉車などがあります。ただ、可動式ホーム柵の設置の際の妨げとなるので、4扉車に戻りつつあります。

扉の数と列車形式

扉の数	列車形式
扉のない車両	特急「りょうもう」200型・250型(モハ200-3・モハ250-3)100系スペーシア(3号車・モハ100-3)
1扉車	100系・200型・250型・300型・350型・1800系
2扉車	6050系・300型・350型・1800系(編成中の一部)
3扉車	20000系・20070型
4扉車	8000系・ほぼすべての通勤車
5扉車	20050型(編成中の両端)

車両の違い

車両の長さや扉の数が異なると、乗車位置がバラバラになってしまうなど、さまざまな不都合が生じます。

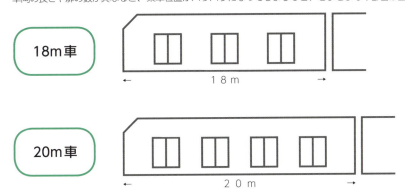

東武アーバンパークラインを走る車両
10030型と60000系

伊勢崎線、日光線から移ってきた10030型。転属に伴い、車体側面のラインが変更されています。

さわやかでやさしい10030型

　ほぼ10年近く、定期列車では8000系以外の車両が走っていなかった東武アーバンパークライン。そのため、鉄道ファンには少々魅力に欠ける路線でしたが、近年相次いで新たな車両が走り始めました。

　まずは、**10030型**。もともとはステンレス車体にえんじ色の帯といういでたちでしたが、伊勢崎線、日光線から東武アーバンパークラインに移るに当たって帯色が**フューチャーブルー**と**ブライトグリーン**に変更になりました。カラーを変えたほかは、先頭車の電気連結器と、前面非常用貫通扉の渡り板が撤去（一部を除く）されただけですが、さわやかな車両に変身し、注目を集めることになりました。

　そして、ついに**「人と環境にやさしい車両」**をコンセプトにした、**60000系**という新車もデビューしたのです。

用語解説
東武8000系
東武の顔ともいうべき通勤列車で、1963年から約20年の長きにわたって712両が製造されました。JR以外では最多両数を誇る信頼度の高い名車両でした。

豆知識
ステンレス車両
アメリカで誕生したステンレス車両は、軽量、さびない、塗装不要でコストダウンが可能でした。長らくライセンスの関係で、旧国鉄が採用しないなど、一部の鉄道でしか普及しませんでしたが、近年では、法的規制もクリアされ、各社が競って採用しています。

東武アーバンパークラインに導入されている60000系。

車体側面のロゴマーク。

> **Mini Column**
>
> **東武アーバンパークラインのロゴマーク**
>
> 東武野田線の路線愛称「東武アーバンパークライン」をより広く浸透・定着させるため、ロゴマークが制定され、野田線の車両に掲出されています。ロゴは2つの半円ですが、東京近郊の外周部を走っている野田線の路線の形状を表しています。加えて、未来への夢や希望をイメージさせる虹がモチーフになっています。青と緑の色は、車体のストライプと同じ色で、青は東武グループのグループロゴカラーであるとともに、緑は沿線に数多く存在する公園を表しています。

新機軸が盛りだくさんの60000系

　車体の帯色は、10030型と同様に、フューチャーブルーとブライトグリーンの組み合わせです。ただし、前面の運転台周りは黒く塗られ、下半分はフューチャーブルー色で斬新な顔になりました。側面は、フューチャーブルーの帯が窓の上方、天井すぐ下にあり、ブライトグリーンはドア脇に縦の帯として配置され、**10030型とは2色の配置が上下逆**になりました。

　性能的には、**省エネ**、**低騒音**など環境に配慮された仕様で、車内サービスに関しても、**案内用液晶ディスプレーの設置、公衆無線LANサービスの開始、車椅子スペースの設置**など最新のものが取り入れられました。また、前面と側面に「TOBU URBAN PARK LINE」の文字が入ったロゴマークが掲出され、新しい路線イメージがアピールされています。今後の発展が楽しみな車両であり路線です。

用語解説

東武10030型

名車両8000系の後継車両として登場した10000系のマイナーチェンジ車。伊勢崎線、日光線、東上線ではステンレス車体にマルーンの帯ですが、東武アーバンパークラインでは青緑系の色に変更されています。

POINT

フューチャーブルーが表すもの

「雲一つない宇宙まで透けて見えるような抜けるような青空」の色であるフューチャーブルー。「青の中の青」というこの色に東武グループは、安全・安心で快適・便利な暮らしを支え続ける、信頼性、包括力、期待感といった意味を込めています。

第4章 駅のしくみと特徴

東武鉄道には全線で205（旅客駅は203）の駅があり、各駅が利用者の使い勝手を追求して独自の進化を続けています。ここでは各路線の主要駅の構造や特徴、変遷の歴史のほか、複雑に交差する線路のしくみについても解説していきます。

01 伝統的なスタイルを踏襲
東武鉄道の駅の構造と特徴

国鉄の影響を強く受けた線路配線

　古くからある東武鉄道の主要駅を見てみると、伝統的スタイルを保持しているものが多く見られます。それは、駅舎に直結した**片面ホーム**と**島式ホーム**の組み合わせで構成されているという点です。

　例えば春日部駅を見てみましょう。春日部駅の東口改札口を通ると、すぐに1番線の片面ホームがあります。浅草方面への列車は、特急から各駅停車に至るほとんどの列車がこのホームを使用しています。

　跨線橋を越えて隣のホームに行くと、そこは3番・4番ホーム（2番ホームはありません）で**島式ホーム**。主に、日光や館林、太田方面へ向かう列車が発着します。そして、その隣にあるのが東武アーバンパークラインの列車が発着する島式ホームで7番線が柏方面、8番線が大宮方面です（5、6番ホームもなし）。

　このように、駅舎と直接つながっている片面ホーム

豆知識
現存する旧国鉄スタイルの駅

伊勢崎線
春日部、館林
日光線
新栃木、新鹿沼
野田線
岩槻（2016年まで）、野田市（2016年まで）、六実
佐野線
佐野市（3番線使用せず）
桐生線
藪塚（島式ホームは片面のみ使用）、新桐生（島式ホームは片面のみ使用）
東上線
小川町（片面ホームに切欠きホームあり）

春日部駅構内図

東改札口から入ると、段差なしで目の前に1番線の片面ホームがあり、その先は島式ホームが2つ並んでいます。

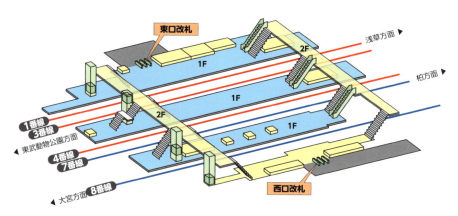

と島式ホームの組み合わせは、**発着できる線路が3つ、5つ、7つというように奇数ある**ことになります。このスタイルの駅は、俗に「国鉄型配線」と呼ばれています。東武鉄道も国鉄同様、汽車が主流の時代から発展した歴史がある鉄道のため、同じスタイルになったのでしょう。

一方、近郊列車が原点の電鉄スタイルの場合、それなりの規模の駅は、**島式ホーム2面4線**で、上下線それぞれで**速達列車が各駅停車を追い抜く構造が主流**です。東武鉄道でも、複々線化により高架になった駅は、島式ホームが複数ある構造に変更されています。

トイレが便利な位置にある東武の駅

駅構内のトイレは、改札口近くのコンコースにあることが多いようです。ホーム上にある場合は先端部の、位置が分かりにくい不便な場所にあることも多いです。ところが、東武鉄道の一部の駅では、各ホームの中央に堂々とトイレがあったりします。これは他社ではほとんど例がない**東武鉄道独自の珍しい構造**です。

用語解説
島式ホーム
ホームの両側に線路があり、改札からホームに行くには線路を渡らなければならないため、島のようだ、とのことで命名されました。複線の場合は、ホーム1面のみ設置すればよいというメリットがある一方、線路間の距離が広がるため、ホームの前後がカーブし、減速しなければならないところが難点です。

豆知識
相対ホーム
島式ホームに対し、上下線の両側に相対する形でホームが2つある駅。小さな駅に多いスタイルです。島式ホームのようにカーブを設けることなく、直線上に駅があるため、通過列車は減速する必要がありません。乗降客が増え、ホームの幅を広げる際にも、島式より容易に変更できます。

島式ホーム
線路に囲まれた、島のようなホーム。
1面だけでも、さまざまなスタイルがあります。

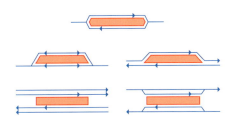

Mini Column
構内が広がったかつての駅
かつて貨物列車が走っていたころ、東武鉄道の主要駅では貨車の付け替えや入れ替えのために、ホームがない場所にも線路が敷かれていました。ほかの電鉄の駅よりも旧国鉄の駅に似ているのも頷けます。それらの場所は、今では小規模な列車の車両基地になっていたり、線路を外して駐車場やビルが建てられたりして、少しずつ過去の面影がなくなりつつあります。

相対ホーム
2つの片面ホームが向かい合う形で設置されています。

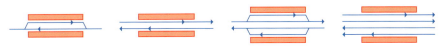

路線拡大と始発駅の変更
都心の始発駅の変遷

原点は北千住駅、そして東京スカイツリーの最寄り駅

　1899年、東武鉄道で最初の路線が北千住～久喜間で開業し、都内最初の始発駅は**北千住駅**となりました。

　以降、東武鉄道は、都心寄りに始発駅を設けるべく次第に路線を延ばしました。1902年、今のとうきょうスカイツリー駅のある場所に**吾妻橋駅**が開業し、伊勢崎線（現・東武スカイツリーライン）の東京都内の始発駅になりました。しかし、都内の巨大な繁華街に隣接していたとは言い難く、さらに都心へ向け、路線を延伸していきました。

　1904年、曳舟駅から亀戸駅までの路線（現・亀戸線）が開業し、**亀戸駅**からは総武鉄道（現・JR総武線）に乗り入れ、**両国橋駅**（現・両国駅）を始発駅とすることになりました。当時の両国は今以上に栄えていたので、始発駅としては十分でした。

用語解説
吾妻橋
隅田川に架かる橋の一つ。雷門通りから吾妻橋を渡って浅草通りへと続いています。浅草の中心に位置する橋ともいえ、周辺の地名にもなっています。

豆知識
業平橋
元々は大横川に架かっていた橋。今は大横川親水公園に架かる浅草通りの橋で、吾妻橋よりも駅の近くにある橋ということで命名されました。業平とは平安時代の歌人在原業平のことです。

起点駅変遷の流れ

1899（明治32）	北千住～久喜開通→北千住駅が始発に
1902（明治35）	吾妻橋駅開業→始発変更
1904（明治37）	曳舟～亀戸開通、総武鉄道両国橋駅（現・JR総武線両国駅）乗り入れ開始→両国橋駅が始発に
1910（明治43）	吾妻橋駅を浅草駅と改称 曳舟～浅草の旅客営業再開
1914（大正3）	東上鉄道開通、池袋駅開業
1931（昭和6）	浅草駅を業平橋駅に改称、業平橋～浅草雷門開通。現・浅草駅開業→始発駅に
1945（昭和20）	浅草雷門駅を浅草駅に改称
2012（平成24）	業平橋駅をとうきょうスカイツリー駅に改称

Mini Column

浅草駅に乗り入れる鉄道
浅草駅には、東武鉄道のほかにも2つの路線が乗り入れています。1つ目は東京メトロ銀座線。起点が浅草駅で、渋谷方面へ向かいます。2つ目は都営浅草線で、東は押上方面、西は西馬込方面に向かいます。そのほか、つくばエクスプレスにも浅草駅があります。しかし、東京メトロ銀座線・都営浅草線・東武線の浅草駅とは約600m離れています。同じ駅名ではありますが、乗り換えをするには少し時間がかかります。

ところが、1907年に総武鉄道が国有化されると、両国橋駅の間借りは解消され、一旦は廃止した吾妻橋駅の旅客営業を1910年に再開、名前を**浅草駅**と改めました。

紆余曲折の末、現・浅草駅に到達

その後、東武鉄道は隅田川を渡って上野を始発駅にすることを計画しましたが、今の地下鉄銀座線と競合することから認可が下りず、浅草雷門駅まで線路を延ばすことで落ち着きました。鉄橋架設など難工事の末、1931年に今の浅草駅まで延伸され、ここが、最終的な始発駅と定められました。吾妻橋駅から浅草駅へと改名されていた駅は、今度は**業平橋駅**となり、2012年に**とうきょうスカイツリー駅**となるまで由緒ある駅名として親しまれました。

浅草駅を起点としつつ、北千住駅から東京メトロ日比谷線、押上駅から東京メトロ半蔵門線に乗り入れ、都心への直通運転という悲願は達成されました。また、JRとの直通特急運転開始で、新宿、池袋駅へも乗り入れることができ、利便性も向上しています。

> **POINT**
> **都内のもう一つの路線の始発駅**
> 東上線のターミナル駅は、1914年の開業当初から一貫して池袋駅のままです。

業平橋駅からとうきょうスカイツリー駅へ改称されたときの記念の切符。

始発駅変遷MAP

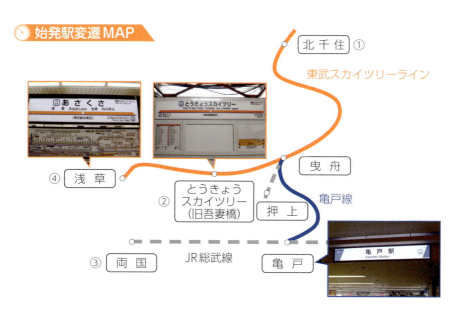

1 私鉄最長！ 19kmの区間を持つ
複々線のしくみ

線路配線図／北千住～北越谷

東武スカイツリーラインの北千住駅から北越谷駅までの19kmは私鉄で最長の複々線区間です。4線あるうち、内側の2線（②、③）は緩行線です。

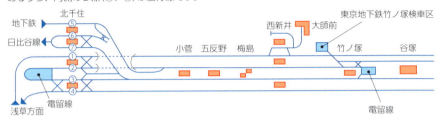

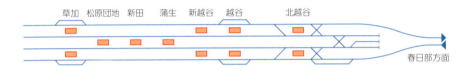

列車増発とスピードアップに貢献

　複々線とは、道路でいえば4車線のこと。上り・下り各1線ずつある複線の2倍の線路があります。上下線それぞれに、**緩行線**と呼ばれる各駅停車専用の線と、**急行線**または**快速線**と呼ばれる通過駅のある列車の走る線（列車種別は、急行、快速だけではなく、特急、準急、なども走ります）に分かれて運行します。

　線路が2つあれば、単純計算で列車本数は倍増できます。また、複線で速度の異なるさまざまな列車が走っていれば、遅い列車が速い列車に抜かれるために待避する駅を設ける必要があり、遅い列車には待ち時間が発生します。追い抜く方も各駅停車が待避する駅までは追い抜きができないため、追突しないように時間調整が必要になります。複々線の場合は、以上のようなロスタイムが発生しにくいため、各駅停車、速達列車双方の**所要時間を短縮**する効果があります。

五反野付近の複々線区間。

豆知識
日本最長の複々線区間
JR西日本の草津～西明石間（東海道本線＆山陽本線）は日本最長の複々線区間。京都、大阪、神戸を通り、延々120.9kmもあります。

線路配線図／和光市〜志木

東上線の複々線区間。こちらは4駅と短い。

朝霞台駅付近の複々線区間。

Mini Column
鉄道会社による複々線の違い

小田急線にも複々線区間があります。しかし、路線は内側2線が速達列車用、外側2線が普通列車用で東武鉄道と逆です。そのため、速達列車が通過する駅は、ホームが4つの線路の両側にあって、かなり離れています。また、首都圏のJRの複々線は、各駅停車用の複線と並んで快速線の複線が敷設されています。そのため、各駅停車と快速間の乗り換えが同じホームではない場合があり、利便性は低くなります。東武鉄道のような複々線の方が、利便性は高いようです。

東武鉄道の複々線は2つの区間

　東武スカイツリーラインの北千住駅から北越谷駅までの19.0kmは、JR以外の鉄道（私鉄）では**最長の複々線区間**です。4線あるうち内側2線が緩行線で、主に東京メトロ日比谷線からの直通列車と浅草〜北越谷などを結ぶ各駅停車が走っています。外側2線（南北に走っているので、西側の北行きと東側の南行き）は速達列車用で特急、快速、急行、準急、区間快速、区間準急などさまざまな列車が走ります。停車駅もスピードも異なる複数の列車が走行するため、草加駅と越谷駅にはこの線路のさらに外側にホームのない**通過線**があり、特急列車などが追い抜けるようになっています。

　1987年に複々線化されたのが、**東上線の和光市〜志木**。4駅、5.3kmと短い距離ですが、伊勢崎線同様、内側が各駅停車、外側が速達列車用と分けられており、緩急接続、混雑回避に一役買っています。

POINT
伊勢崎線の複々線化

1974年に、まず北千住〜竹ノ塚間が複々線化されました。これは、関東の大手民鉄で最初に設置された複々線区間です。

信号場のしくみ

ホームがないのに列車が停車!?

かつての駅が信号場として活躍

単線区間では、上下列車が行き交うため、どこかですれ違いをしなければなりません。通常は、上下線の線路が分かれている駅で停車中に**列車の交換**が行なわれます。しかし、1駅の距離が長い場合は、駅以外の線路上で一旦停止し、すれ違いを行なうことがあります。この場所を「**信号場**」と呼びます。東武鉄道には現在2カ所の信号場があります。

鬼怒川線は、下今市駅から単線区間ですが、途中で、単線から複線に変わる地点があります。この場所が**信号場**です。鬼怒川温泉駅を出た列車は、この地点で停車し、下り列車が通過して信号が青に変わると、下今市方面へ向います。

DATA
鬼怒立岩信号場
所在地：栃木県日光市鬼怒川温泉大原
小佐越から1.7km、鬼怒川温泉から0.8km
路線：鬼怒川線
開業：1917年11月1日

DATA
嵐山信号場
所在：埼玉県比企郡嵐山町大字志賀1646-7
武蔵嵐山から3.0km、小川町から4.0km
路線：東上線
開業：2005年3月17日

線路配線図

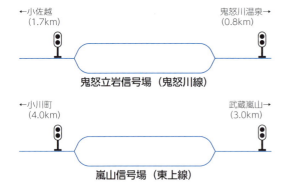

Mini Column

かつての信号場が駅に昇格した「新鎌ケ谷駅」

野田線の鎌ヶ谷～六実の間の地点で、新京成線、北総鉄道と交差するものの、以前はここに駅はありませんでした。交差付近から六実までが複線化されるとき、この場所に信号場が設けられました。その後、住民からの要望もあり、この信号場があった場所に新鎌ヶ谷駅ができました。現在は、六実～船橋までが複線になっています。

かつて存在した信号場

中千住信号場	伊勢崎線 牛田～北千住間　→廃止
新鎌ヶ谷信号場	野田線　→新鎌ヶ谷駅になる
みずほ台信号場	東上線　→みずほ台駅になる
川角信号場	越生線 川角～武州長瀬間　→廃止
東小泉信号場	小泉線　→東小泉駅になる

この信号場は1964年まで鬼怒立岩駅でしたが、利用客が減少し廃止駅となりました。しかし、列車のすれ違いに必要な場所であったため、信号場として残されました。

新たにできた嵐山信号場

東上線の武蔵嵐山駅と小川町駅の間にあるのが、**嵐山信号場**です。東上線は、池袋駅からここまではずっと複線区間ですが、この先は単線になるので、まさに境目の地点でもあります。信号場は、2005年に武蔵嵐山駅からこのポイントまでが複線化されたときにできた信号場です。もとは、小川町駅までを複線化する計画もありましたが、JR八高線との立体交差などもあって工事が難しく、下り小川町方面3.0kmの地点までが複線化されました。

現在は、列車のダイヤ設定により、この地点で停止しなくてもいいように、運行が工夫されています。遅延などの場合に限り、小川町行きの列車が停止し、対向列車を待つために利用されています。

用語解説
列車の交換
単線の場合、駅や信号場で列車同士がすれ違うことを列車交換といいます。一方、車両交換とは故障などの事情で、別の車両に取り替えること。乗客はホームで乗り換えしなければなりません。

豆知識
その他の信号場
単線の越生線には川角信号場があり、列車の行き違いが行なわれていました。しかし、1987年にすぐ近くの川角駅で列車交換できるよう線路が増設されたため、信号場は廃止されました。

鬼怒立岩信号場。ここから鬼怒川温泉までは複線になっています。

武蔵嵐山駅と小川町駅の間にある嵐山信号場。

伊勢崎線（東武スカイツリーライン）〜浅草、館林〜
復元されたシンボル、2つの拠点駅

始発駅らしい、品格ある駅

　東武スカイツリーライン（伊勢崎線）の起点である**浅草駅**。昭和初期のネオ・ルネッサンス様式の**アールデコ建築**の建物で、改装により建設当時の面影が失われていましたが、2012年に当時の姿に復元されました。駅のホームは、デパートの中、ビルの2階にあります。始発駅にふさわしく行き止まり式の駅で、ヨーロッパの終着駅のような雰囲気があります。駅を出発すると急カーブして隅田川を渡る構造なので、ホームの延長にも限界があり、特急や快速は**6両編成**が限度です。

　北千住駅から北越谷駅までは**高架**で**複々線**になっています。その中で、**草加駅**、**越谷駅**はともにホーム2面4線の外側にホームのない通過線が上下線とも敷かれていて、**線路が全部で6つある大規模な駅**になっています。急行が特急の通過待ちなどをする駅です。

伊勢崎線の要衝となる駅

　東武動物公園駅で日光線と分かれ、利根川を渡った列車は**館林駅**に着きます。この駅は、小泉線と佐野線を含む3路線が乗り入れる、伊勢崎線有数の**拠点となる駅**です。ホームは2面のみですが、複雑な形状をしています。東側にある駅舎から直接つながっている伊勢崎線上りホームは2番線。同じホームを北側に進むと、**切り欠きホーム**があります。ここが1番線で、**佐野線用**の線路です。ホームの長さは短いのですが、2〜3両編成が発着するので問題ありません。2番線の向かいには島式ホームがあり、伊勢崎線下り用の3番線と5番線があります。4番線は、同じホームを北側に進むと、1番線同様、切り欠きホームになっています。これが**小泉線用**で2両編成の列車が発着します。館林駅から先の伊勢崎線は単線。この先は、同じ伊勢崎線でもかなりローカルな印象になります。

豆知識
草加駅の配線図
草加駅の複々線。6線ある一番外側の線路を下り区間快速が通過していきます。

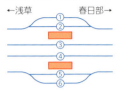

用語解説
アールデコ建築
20世紀前半、1930年ごろまで流行った建築様式。直線的、幾何学的な装飾模様に特徴があります。浅草駅のほか、東京都庭園美術館、伊勢丹本店などがあります。

切り欠きホーム
長いプラットホームの一部を切り取り、そこに行き止まりの線路を設けたもの。1つのプラットホームで3つ以上の線路を走る列車の発着が可能になります。

豆知識
館林駅の駅舎
1998年に「しゃれた模様の窓がある洋館風の駅舎」として、関東の駅百選に選定されました。

リニューアル前の浅草駅。

リニューアル後の浅草駅。かなり忠実に、開業時のたたずまいが再現されています。

草加駅の複々線。6線ある一番外側の線路を下り区間快速が通過していきます。

 Mini Column

愛称名のある路線

伊勢崎線のうち、浅草駅から東武動物公園駅までの区間が「東武スカイツリーライン」という愛称で呼ばれています。駅ナンバリングの略号はTSです。東武動物公園駅より北の区間に愛称はなく、伊勢崎線を表す略号TIが、和戸駅から終点伊勢崎駅までの各駅に使われています。長大な伊勢崎線は、複々線の駅、複線の駅、単線の駅、無人駅と駅の形態を見ても実にバラエティーに富んでいます。

館林駅構内図

ホームは2面のみですが、切り欠きホームになっており、全部で5番線まであります。

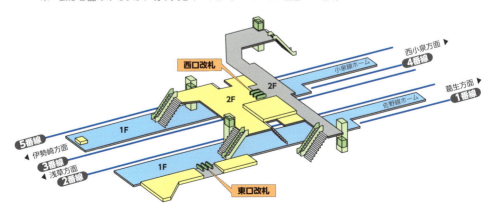

第4章 駅のしくみと特徴

日光線　〜東武動物公園、栗橋、下小代、東武日光〜
国際的な観光地へ向かう主要駅

始発駅とJRとの連絡駅

　日光線の起点は東武動物公園駅で、駅構内にはそれを示すゼロキロポストがあります。しかし、この駅を始発にする列車はなく、日光線の列車は一部を除き、浅草駅や地下鉄線からの**直通列車**です。日光線の起点は東武動物公園駅ですが、実際には伊勢崎線と一体で運行されています。

　栗橋駅はJR東北本線との乗換駅であり、直通特急がJRから東武鉄道へ、東武鉄道からJRへと乗り入れる駅です。JRと東武鉄道を連絡する線路が敷かれていますが、**両社を直接つなぐ線路があるのは栗橋駅**だけです。かつては東上線川越駅でも国鉄（現・JR）川越線と線路がつながっていましたが、列車の直通がなくなり、相互の路線をつなぐ線路も廃止となりました。

古びた小駅と終点東武日光駅

　新栃木駅から下今市駅の間にある駅には**開業以来の古い駅舎を持つ駅**がいくつもありました。多くは老朽化のため取り壊され、コンパクトな新しい駅舎に建て替えられています。

　しかし、**下小代駅**に関しては、歴史的価値があることから駅前に移転して保存され、国の**登録有形文化財**に指定されています。旧駅舎のあった場所には新しい駅舎が建てられました。

　終点の**東武日光駅**は、観光地の玄関にふさわしく**山小屋風の堂々たる造り**です。行き止まり式の構造になっていますが、すべての線路が並行ではありません。1、2番線と4、5、6番線が駅舎に向かって離れて広がっていくようなY字形になっています。

豆知識
他路線の始発駅は？
伊勢崎線の支線である桐生線は、伊勢崎線からの直通列車や小泉線からの直通列車が多いものの、太田始発で桐生線のみを走る列車もあります。日光線の支線である宇都宮線も、数は多くないものの、新栃木発の宇都宮線のみを走る列車があります。

用語解説
国の登録有形文化財
1996年の文化財保護法改正により創設された文化財登録制度に基づき、文化財登録原簿に登録された有形文化財のことです。登録対象は、当初は建造物に限られていましたが、2004年の文化財保護法改正により建造物以外の有形文化財も登録対象になっています。例えば鉄道では、わたらせ渓谷鐵道の駅舎、橋梁など38の施設が登録有形文化財に指定されました。

東武動物公園駅の駅名標。

山小屋風の東武日光駅。

栗橋駅のJR東武直通線路（写真中央）。

登録有形文化財に指定されている下小代旧駅舎。

 Mini Column

東武鉄道とJRの乗り換え駅

東武鉄道とJRのホームが同一平面で並び、乗り換えのできる駅は、北千住、栗橋、栃木、久喜、佐野、大宮、柏、池袋、川越、越生、小川町、寄居とたくさんあります（亀戸、船橋は並んではいるものの、高さが異なります）。同一平面で線路がつながっていれば相互乗り入れは可能ですが、現在、線路がつながっているのは栗橋だけです。

旧駅舎は内部に入ることができます。

第4章 駅のしくみと特徴

01 鬼怒川線 ～鬼怒川温泉、鬼怒川公園、新藤原～
温泉観光の大動脈にある3つの駅

路線の目玉！ 観光客でにぎわう

鬼怒川温泉駅は東武鬼怒川線の中間駅ですが、多くの特急列車の終点になっていて、あたかも終着駅のようです。**ホームが2面で線路が4線**ありますが、1番線は行き止まりの線路で、もっぱら当駅を終点として折り返しとなる特急が使用しています。**島式ホームながら駅舎と直接つながって**いて、跨線橋で階段を上り下りすることなく改札口まで行くことができます。温泉を訪れる高齢者も多いので、バリアフリーで利便性の高い駅です。また、この駅で、特急「スペーシア」から会津若松方面へ向かう**「AIZUマウントエクスプレス」**には、**同一ホームでの発着**となっており、スムーズに乗り換えができます。

鬼怒川温泉駅を出ると、目の前に広場があり、足湯もあります。いかにも温泉の最寄り駅といった雰囲気で、観光客も多く、にぎわっています。

一変して静かな隣の駅

鬼怒川温泉駅の1つ先の駅、**鬼怒川公園駅**まで走る特急は、浅草発鬼怒川公園駅行きの1日2本のみです。上りの特急で鬼怒川公園駅に停まるのは、鬼怒川公園駅発が1本と、新藤原駅発の特急2本の計3本しかありません。この駅も鬼怒川温泉駅と同様、1番線は行き止まり式のホームです。2番線と3番線は新藤原方面へつながっています。駅前は、隣の鬼怒川温泉駅で降りてしまう人が多いため、人通りもまばらで閑散としています。

終点の**新藤原駅**は鬼怒川線の終点で、**野岩鉄道との境界駅**です。しかし、直通列車が多く、新藤原が終点となる列車が少ないので、あまり終着駅という感じがしません。2社の車両が同じ形式なので、一体化しているように見えるからです。

豆知識

鬼怒川公園駅に停車する特急列車

（下り：2本）		
きぬ113	浅草発 11:30	13:33 鬼怒川公園着
きぬ131	浅草発 19:00	21:09 鬼怒川公園着
（上り：3本）		
きぬ108	新藤原発 7:13	9:33 浅草着
きぬ110	新藤原発 8:29	10:45 浅草着
きぬ126	鬼怒川公園発 14:10	16:15 浅草着

新藤原駅
新藤原は東武鉄道最北端の駅であり、加えて大手私鉄最北端の駅です。

用語解説

境界駅
2つの鉄道会社の境となる駅。新藤原駅は野岩鉄道が管理しています。また、車両は直通しても乗務員は交代します。野岩鉄道線内を東武鉄道の乗務員が運転することはありません。

鬼怒川温泉駅ホーム。手前は「スペーシア」、奥に見えるのは「AIZUマウントエクスプレス」。

鬼怒川温泉駅と駅前広場。

鬼怒川温泉のホテル群。

鬼怒川温泉駅配線図

鬼怒川温泉駅は通常の駅の構造とは異なります。1番線ホームが行き止まりになっていて、ホームと駅舎がつながっているため、跨線橋を通ることなく直接、改札口まで行けます。

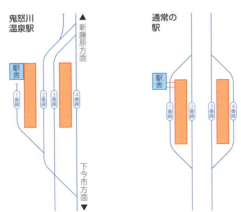

鬼怒川温泉へ向かう列車名

JR線からの直通特急は「きぬがわ」ですが、東武鉄道のスペーシア車両で運転される場合は「スペーシアきぬがわ」です。つまり、単に「きぬがわ」となっている場合は、JR車両が使用されることを意味します。また、浅草発で不定期で運転されている「ゆのさと」という列車もあります。

第4章　駅のしくみと特徴

桐生線 ～太田、新桐生、相老、赤城～
特急街道として栄える路線の4駅

東武鉄道最大の10番線まである駅

　太田駅で伊勢崎線から分枝する桐生線は、**特急「りょうもう」が1時間に1本走る重要路線**です。この付近では、本線である伊勢崎線と同じく重要度が高いといえます。

　桐生線の起点である**太田駅**は、**10番線まである東武鉄道最大の駅**です。とはいえ、線路が10本並んでいるわけではありません。ホームが3面、線路は6本なのですが、伊勢崎線用の長いホーム2面の浅草寄りを1番線から4番線、同じホームの伊勢崎、新桐生寄りを7番線から10番線として使用しているのです。停車位置によって番線表示を変えてはいますが、1番線と7番線、2番線と8番線、3番線と9番線、4番線と10番線はそれぞれ同じホームなのです。

　桐生線は、その名の通り桐生を経由する路線で、新桐生駅も路線の主要駅です。駅名に「新」が付いていますが、これは「JR桐生駅」と距離があり、別の駅として区別する必要があるためです。先に開業したのが国鉄（現・JR）だったため、東武鉄道の駅には「新」が付けられたと考えられています。

桐生線、2つの主要駅

　相老駅は、わたらせ渓谷鐵道への乗換駅です。地名は「相生」ですが、兵庫県にも相生駅があるので、共に老いるという考えから「相老」とされました。**わたらせ渓谷鐵道**が駅の管理をしていて、駅舎側にある1番線と2番線をわたらせ渓谷鐵道が、**3番線と4番線を東武鉄道が使用**しています。

　桐生線の終点は**赤城駅**。桐生線を走る列車は、上毛電鉄と並走して到着します。駅舎側にある1番線と2番線を上毛電鉄が、**3番線と4番線を東武鉄道が使用**しているのは、相老駅と似ています。駅管理は、ここも東武鉄道ではなく**上毛電鉄**の管轄です。

POINT
東武鉄道最大の駅はどこか？

東武鉄道の駅でホームが3面以上あるのは浅草（3面4線）、北千住（4面7線＝3階建て構造）、西新井（3面6線）、春日部（3面5線）、太田（3面6線）、東武日光（3面5線）です。数字から見ると北千住が最大の駅ですが、東京メトロ日比谷線の終点でもあるため、「東武鉄道の」最大駅とは述べづらいところがあります。西新井と太田はともに3面6線ですが、西新井の大師線ホームが2両編成用に短くなっていることを考慮すると、太田が東武鉄道最大の駅といえるのかもしれません。

豆知識
「新」が付いた駅

東武日光線の「新鹿沼」、「新古河」は、JRの同名の駅と区別するために「新」が付けられたようです。「JR鹿沼」と「新鹿沼」は徒歩30分くらいの距離があります。「JR古河」と「新古河」間も徒歩30分ほどかかり、渡良瀬川を挟んで位置しています。

相老駅の由来

根元が1つで途中から2本に分かれて立っている、高さ20m、樹齢300年という黒松と赤松の木。この木は、ともに長生きできる縁起のよい木ということで、「相生の松」と命名され、地名になりました。しかし、「相生駅」はすでにあったため、ともに老いるという考えから「相老」と命名されました。

相老駅の名標。

太田駅の1・2番線ホーム。後方に10番線までの案内表示があります。

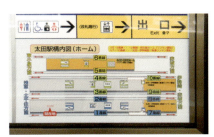

太田駅の構内図。

Mini Column

桐生線の難読駅

桐生線にも読み方の難しい駅があります。その1つが「治良門橋」。これで、「じろえんばし」と読みます。江戸時代に新田堀用水に架けた橋が治良門橋と呼ばれるようになり、駅名となりました。また、新桐生の1つ手前の「阿左美」は「あざみ」と読みます。近くにある阿左美沼に由来します。浅い沼、浅い海が転じて阿左美になったといわれています。

相老駅構内図

駅舎側の2つがわたらせ渓谷鐵道線ホーム、最も離れた場所にあるのが東武鉄道の桐生線ホームです。

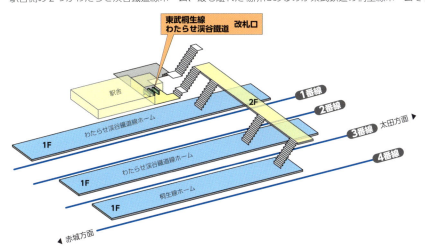

佐野線＆小泉線 ～佐野市、佐野、東小泉～
館林発2路線の特色豊かな駅

間違えやすい？ 佐野線の2つの駅

　佐野線は栃木県佐野市を通りますが、佐野という駅は2つあります。**佐野市駅**と**佐野駅**です。紛らわしい駅名ですが、当時、国鉄（現・JR）の佐野駅が町はずれに位置していたのに対し、佐野線の駅は町の中心部にあったため、佐野町（その後、佐野市と改称）と名づけられたと考えられています。

　佐野市駅は**佐野厄除け大師**の最寄り駅です。観光の拠点駅でありながら、やはり、JR両毛線との接続駅である佐野駅と間違える人が多く、駅構内には「JR佐野駅は次です」と書かれた看板が掲げられています。

　佐野駅ではJR両毛線とホームが並んでいます。佐野線の列車はこの駅ですれ違いをすることが多く、一部の列車が時間調整で10分ほど停車します。

運行ダイヤにひねりあり！

　小泉線の要である**東小泉駅**では、西小泉へ向かう線路と太田駅へ向かう線路に分かれます。ところが駅は**島式ホームが1本で、その両側に線路が1本ずつ**あるという単純な構造です。そのため、スムーズに運行できるような運行ダイヤが組まれています。

　太田駅からの列車が2番線に到着すると、すぐに1番線には館林発西小泉行きが到着。2番線からの乗り換え客を乗せ、終点、西小泉駅へ向けて発車します。その列車は西小泉駅で折り返して館林行きになり、再び東小泉駅の1番線に到着します。そのとき、東小泉駅の2番線には太田方面に向かう列車が停まっています。西小泉駅から折り返して1番線に停車した列車から降りてくる太田方面へ向かう乗客を乗せるためです。その2番線に停車する列車は、1番線から館林行きが出発するのを待ってから太田駅へ向けて発車します。昼間は、この一連の流れが1時間ごとに繰り返されます。

POINT
ほかにもある、間違えやすい駅

佐野駅と佐野市駅以外にも、同じような2つの紛らわしい駅がある都市があります。川越駅と川越市駅です。どちらも東上線にあり、川越駅はJRとの連絡駅です。また、足利駅と足利市駅は、JRが足利駅、東武鉄道が足利市駅で渡良瀬川を挟んで対峙しています。

豆知識
佐野厄除け大師

惣宗寺と呼ばれる天台宗の寺院。前橋の青柳大師、川越大師とともに関東の三大師の1つに数えられます。正月には、参拝客でにぎわいます。

用語解説
側線

駅構内にあって列車が通常発着する線路を本線といいます。側線は、本線以外の使用頻度の多くない線路で、車両の一時的な留置や入れ替えのために利用されます。

側線が何本もある、広い構内の佐野線葛生駅。

東小泉駅の運行のしくみ

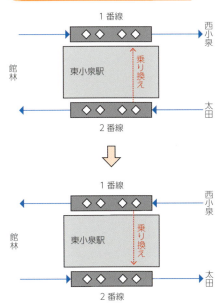

Mini Column

東小泉と小泉町

以前は、東小泉と小泉町の2つの駅がともに営業することは避けられていました。当初、東小泉は信号場として開業しましたが、駅になると小泉町駅が廃止となりました。また、東小泉駅が再び信号場になると、小泉町が駅として営業を再開しました。しかし、1977年、東小泉付近に高校が新設されたのを機にこの駅が再開し、それ以来、2つの駅はともに営業することになりました。

第4章 駅のしくみと特徴

宇都宮線 ～東武宇都宮、南宇都宮、おもちゃのまち～
県下最大の繁華街に乗り入れる小さな駅

県庁所在地の小さなターミナル駅

　宇都宮線の終点**東武宇都宮駅**は、**東武百貨店**の中にあり、県庁所在地の終着駅でもあります。大ターミナル駅を想像してしまいそうですが、宇都宮線は地域輸送がメインであるため、実際には小さな駅です。**ホームは1面のみ**で、線路は両側に**2番線と3番線**があります。2番線の脇には側線があり、これが1番線になるのですが、ホームはなく旅客営業には使われていません。

　列車本数は、朝夕のラッシュ時は1時間に3本、昼間は30分ごとと決して多くはありません。各駅停車がほとんどですが、朝に1本だけ浅草行き特急「**しもつけ**」があります。東武宇都宮駅が終点となる特急は夜に到着します。それゆえ長距離客は少なく、ほとんどが**短距離利用の乗客**です。

憧れの駅舎と夢のある駅

　南宇都宮駅は、かつて存在した**宇都宮常設球場の最寄り駅**として、**野球場前**の駅名で1932年に誕生しました。駅舎は高校球児の憧れでもある**阪神甲子園球場の最寄駅である阪神電鉄の甲子園駅を模倣した雰囲気**です。大谷石で造られた駅舎には、屋根にバットとボールの模様があり、大谷石の宣伝とセトガワラを使ったモダンな駅舎として目を引きます。南宇都宮は江曽島駅との間でJR日光線と交差していますが、乗換駅はありません。JR鶴田駅へは、歩いて15～20分ほどかかります。

　おもちゃのまち駅は駅名がひらがなですが、東武鉄道で駅名がすべてひらがなというのは**つきのわ駅（東上線）とおもちゃのまち駅の2つだけ**です。駅の住所は幸町ですが、少し東に歩くとおもちゃのまちという住所になり、おもちゃのまち郵便局などがあります。

用語解説

宇都宮常設球場
1932年に開設され、1934年にはベーブルースや沢村栄治が出場した日米野球も行なわれました。その後、読売ジャイアンツがプロ野球の試合をしたこともありましたが、1960年に閉鎖されました。

大谷石
宇都宮市内の大谷町付近で採掘される石材。柔らかく加工がしやすいことから、古くから外壁や門柱などの建材として使用されてきました。

おもちゃのまち駅。

小さなターミナル駅の東武宇都宮。

栃木産の大谷石で造られた南宇都宮駅の駅舎。

東武鉄道のひらがなの駅

ひらがなの駅は、東武鉄道では2駅だけです。

Mini Column

ひらがな、カタカナの駅名

東武鉄道には、ほかにも印象深い名前の駅があります。例えば、カタカナが交ざった「とうきょうスカイツリー駅」。また、ひらがなに漢字が1字だけ交ざって表記される駅には、東上線のときわ台駅、みずほ台駅、ふじみ野駅、伊勢崎線のせんげん台駅、亀戸線の東あずま駅があります。

第4章 駅のしくみと特徴

大師線 ～西新井、大師前～
改札2度通過、切符なし乗車!?

乗り換え時に改札を通る駅

　弘法大師ゆかりの地にある**西新井駅**。駅名も、大師の祈祷により、西側にある枯れ井戸から水がわいたことに由来しています。

　西新井駅で**東武スカイツリーラインから大師線に乗り換える**場合、まずは階上のコンコースに上がります。東武鉄道内の乗り換えなので、本来、改札を通る必要はありませんが、大師線のホームに降りるには**自動改札機を通る**必要があります。

　西新井駅を発車した列車は、わずか2分ほどで終点大師前駅へ到着します。高架ホームから出口に向かいますが、そこには**改札口の跡はあるものの自動改札機はなく**、そのまま外へ出られる構造になっています。

　つまり、西新井駅に設置されている大師線乗り換えの自動改札機は、本来、**大師前駅にあるはずの改札口**なのです。東武鉄道初の自動改札機が西新井駅に導入されたとき、改札業務が西新井駅に一本化され、大師前駅の無人化が行なわれたのです。大師線には途中駅がないため、このような駅のしくみが可能でした。

切符が買えない駅

　大師前駅は都内では希少な無人駅で、**単式ホーム1面1線の高架駅**です。高架になる前は乗車ホームと降車ホームが分離されている頭端式の構造でした。

　大師前駅には**切符売り場がない**ため、大師前駅から列車に乗る場合は、一旦そのまま乗車し西新井駅で下車した後に切符を購入する必要があります（入口に案内板が掲出されています）。

　駅名の由来でもある、**西新井大師**へは徒歩5分程度です。正月などは参拝客で混み合うため、出札窓口で駅員による乗車券の販売が行なわれます。

豆知識
西新井駅
伊勢崎線の駅はホーム2面4線。急行と各駅停車との乗り継ぎは同じホームで行なえます。有料特急以外の列車は、快速などを除きすべて停車します。

POINT
東京23区内の無人駅
都電荒川線、世田谷線などの路面列車の停留場、新交通システムは無人化されていますが、鉄道での無人駅は23区内では大師前が唯一です。

用語解説
単式ホーム
ホームの片側のみに線路がある形式。片面ホームともいいます。線路と反対側には柵や壁があり、駅舎、出口に接続しています。行き違いが行なえないため、ローカル線などの小さな駅で多く見られます。

大師前駅ビル。

大師前にある改札口跡。

西新井駅構内図

西新井駅から大師線に乗るには、改札口を2回通ります。

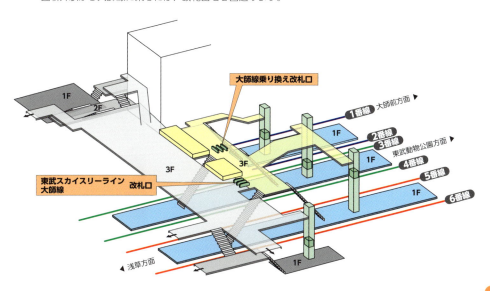

西新井駅での大師線への乗り換え

① 西新井駅改札口。

② 西新井で大師線に乗るには2つ目の改札口へ。

③ 階段を降りてホームへ。

④ 大師線の列車に乗車。

大師線と同じシステムの路線

ほかの路線との乗換駅で運賃精算を行ない、途中駅がなく末端の終着駅が無人で改札口もない路線はほかにも2つあります。兵庫県神戸市内にあるJR山陽本線の支線(通称「和田岬線」)和田岬駅、名古屋市内にある名古屋鉄道築港線東名古屋港駅です。和田岬線は兵庫駅で、名古屋鉄道は大江駅で、それぞれ運賃精算を行ないます。

1 亀戸線 ～東あずま、亀戸水神～
下町情緒がたっぷり味わえる駅

珍しい構内踏切のある2つの駅

　曳舟駅から亀戸駅の間にわずか3駅しかない亀戸線。そのど真ん中にあるのが、**東あずま駅**です。ホームから改札口に向かうと、端がスロープになっていて、その先には遮断機が降りています。列車が通り過ぎて遮断機が上がると、線路を渡った先にある改札口から駅の外へ出ることができます。このような**構内踏切**は、一昔前は珍しいものではなかったのですが、列車の本数が増え、通過列車のスピードも上がった現在では、遮断機が降りている時間が長くなってしまうため、**地下道**や**跨線橋**が造られることが一般的になりました。同時に改札口も、駅の両側から利用できるように**橋上化**あるいは**地下化**され、東あずま駅のような線路の片側にだけ駅舎がある構造の駅は、現在では珍しくなっています。

　とりわけ東京23区内では駅が近代化され、東武鉄道でも23区内に構内踏切がある駅は、隣駅である**亀戸水神駅**を含め、2駅だけです。2駅がともに亀戸線にあるのは、興味深いことです。高速で通過する列車がないのもその一因でしょう。

何もかもがコンパクトな亀戸線

　亀戸線は、すべての列車が**2両編成のワンマン列車**です。ホームの長さは、2両編成が停車するのに十分な40m程度。1編成が8両や10両の列車が停車できる、200m規模の長いホームを見慣れた現在では、とても可愛らしいたたずまいに感じられます。

　ローカル線のような雰囲気を持つ亀戸線ですが、列車は昼間でも10分間隔で走行し、多くの人でにぎわっています。時代を超越したような構内踏切も違和感がなく存在し、のんびりした空気が流れる亀戸線の駅は、**都会のオアシスのような駅**といえるでしょう。

用語解説

橋上駅
ホームとホームを連絡する跨線橋上に駅舎機能がまとめられた駅。線路の両側から改札口にアクセスしやすい利点がある一方で、階段やエスカレータ、エレベータの設置が必要です。

橋上駅である、東上線坂戸駅。

地下道と跨線橋
駅舎やホーム間を連絡する通路は、線路との立体交差を図り、線路の下に地下道を造るか線路の上空に跨線橋（陸橋）を造る方法に変わってきました。いずれも階段、エスカレータ、エレベータが欠かせない構造です。

豆知識

亀戸水神
室町時代ごろに創建された、水害を免れるために水を司る女神を祭った神社といわれています。有名な亀戸天神の最寄り駅である亀戸と間違う参拝客も多いようで、亀戸水神駅には注意書きが掲げられています。

曳舟駅。亀戸線のホームは短い。

東あずま駅の構内踏切。

亀戸水神駅の構内踏切。

亀戸水神。

第4章 駅のしくみと特徴

構内踏切のメリット・デメリット

構内踏切とは駅構内にある踏切のことですが、「道路と交差するもの」という踏切の規定とは異なるため、正式には踏切ではなく「渡線路」といいます。バリアフリーであり、ホームと駅舎を最短距離で結ぶという利点がある半面、人身事故の可能性がゼロではありません。列車本数が多い路線や、ラッシュ時などは列車の直前横断が頻発して危険でもあるので、東京23区内では激減しています。東武亀戸線の2駅以外では、寅さんの映画でもおなじみの京成金町線柴又駅と東急池上線池上駅に残っているだけです。

東武アーバンパークライン 〜柏、野田市〜
唯一の構造の駅、変化する駅

ここでしか見られないスイッチバック

柏駅は、線路が行き止まりになっている**頭端式ホーム**です。上から見るとコの字型の構造になっていて、2本のホームの両端に計4本の線路があります。乗り換え時も上下移動がないため、バリアフリーに対応しています。柏駅は大宮と船橋を結ぶ途中にある駅ですが、昼間は大宮方面からの列車も船橋方面からの列車も**柏駅が終点となる列車**が多くなっています。このような駅の構造や運行状況からも、柏駅を挟んだ前後の路線は、まるで別の路線のように感じられます。しかし、朝と深夜には柏駅が終点ではない列車があります。その場合、列車はスイッチバックを行ないます。例えば、船橋方面からの列車は柏駅で何分か停車した後、進行方向を変えて大宮方面へ向かいます。

　スイッチバックをする列車は、全国に多く存在しますが、東武線内では**柏駅でしか見ることができません**。それも1日に限られた本数の列車だけです。貴重な存在といえるでしょう。

高架化されて新しく広くなる駅

　野田を通過する東武アーバンパークライン（野田線）ですが、駅の名前は「野田駅」ではなく「**野田市駅**」です。1911年に千葉県営鉄道が開業した当時は「野田町駅」でしたが、1950年に**野田町が市になったため、駅名も野田市に変わり**ました。

　かつては醤油を貨物輸送していたため、貨物用の側線が多数ありましたが、次第にトラック輸送に切り替わり撤去されました。それでも、若干残った側線から往時をしのぶことができます。2009年、野田市駅を中心とした清水公園〜梅郷間の高架化工事が開始されました。高架化により11カ所の踏切が廃止され、野田市駅はそれまでの2面3線から、2面4線の駅へと変わりより広い駅となります。

豆知識

駅名に市が付く駅

東武鉄道には、ほかにも駅名に「市」が付く駅があります。佐野線の佐野市駅、東上線の和光市駅と川越市駅です。和光市以外のいずれも、隣の駅が似た駅名の佐野駅と川越駅で間違いやすいですが、「市」が付かない方の駅がJR線との乗換駅です。

スイッチバックを行なう列車

（下り：10本）	
七光台発	4:55／5:01／5:11／5:19／5:40／5:53／6:07（船橋行き）
春日部発	5:16（船橋行き）
大宮発	9:41／18:35（船橋行き）
（上り：9本）	
船橋発	5:13／5:23／7:17／7:46／8:55／10:17（大宮行き）
船橋発	22:46（春日部行き）
六実発	5:10／6:12（大宮行き）

東武鉄道では柏駅でしか見られないスイッチバックの様子。　　　　　　　　　　　　　　(東武博物館所蔵)

🕒 柏駅配線図

柏駅では、2番線あるいは3番線に停車した列車がスイッチバックを行ないます。

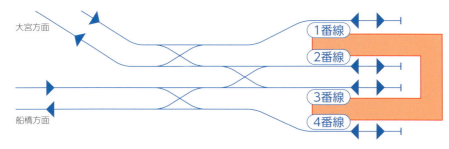

大宮方面

1番線
2番線
3番線
4番線

船橋方面

野田市駅舎。まもなく、高架化工事のため解体されます。

 Mini Column

改良工事で変化する路線

東武アーバンパークラインという愛称が付けられている野田線。六実～逆井間の複線化、同時に市街地での高架化が進められています。清水公園～梅郷間では高架工事が行なわれ、この区間にある愛宕駅、野田市駅はその姿が大きく変わります。完成は2017年度の予定です。

第4章　駅のしくみと特徴

東上線 〜池袋、下板橋、ときわ台、和光市〜
都内と埼玉西部を結ぶ路線

都内にある東上線の駅

　東上線の始発駅である**池袋駅**は、1日に平均して47万人以上の人が利用し多くの路線が接続する、東武鉄道最大のターミナル駅です。東武鉄道のホームは、東武百貨店の1階部分に位置しています。ホームは**櫛形**（くしがた）で、共用線路内に乗車ホーム、降車ホームがあり、それぞれに番線が振られています。そのため、5番線までありますが、実際には**ホーム3面、線路3線**の意外と小規模な駅です。通勤列車が多いですが、TJライナーの登場で夕方になるとにぎわいます。5番線がTJライナーの専用ホームです。

　大正3年に開業した**下板橋駅**は、**古い三角屋根の駅舎**が貴重な駅です。この駅舎の近くに「東上鐵道記念碑」が立っています。歴史的経緯から、池袋ではなく下板橋が東上線発祥の地なのです。その先の**ときわ台駅**にも古くからの駅舎が健在です。駅は**島式ホーム**、1面2線の構造で、改札を入ってすぐに階段で地下に降りると、ホーム間をつなぐ地下道に行けます。

埼玉県内にある東上線の駅

　和光市駅は、東武鉄道で池袋駅（東上線）、北千住駅（東武スカイツリーライン）に次ぎ、3番目に乗降人員の多い駅です。ここには、**東京メトロ有楽町線と副都心線が乗り入れ**ています。ここから志木駅までは複々線区間で、ホームも2面4線となります。

　和光市駅は、これまでに3度名前を変えています。開設当時は「新倉駅」でしたが、半年後に「にいくら駅」に変わり、その後町名が変わったため、「大和町駅」となりました。また後に、一般公募によって、「平和・栄光・前進を象徴」という意味が込めたれた新市名「和光市」が誕生し、それに合わせて現在の駅名になりました。

POINT
東上鐵道記念碑
下板橋駅から歩いてすぐのところに、「東上鐵道記念碑」があります。高さ3.8m。東武鉄道と合併する前年の1919年に上板橋駅構内に建てられ、池袋駅を経てここに移されました。当時の壮大な計画などが記され、板橋区登録文化財になっています。

用語解説
相対式ホーム
上下線を挟むように単式ホームを2つ向かい合わせて設置されたホーム。対向式ホームまたは対面式ホームともいいます。上下線が別々のホームになるため、ホーム間は跨線橋や構内踏切、改札外で行き来します。

東武鉄道で乗降客数が最大を誇る池袋駅。

池袋駅配線図

比較的単純な線路配置です。5番線は、16時以降はTJライナー専用ホームになります。

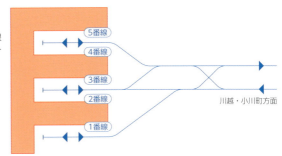

下板橋の三角屋根駅舎。

東上線の複々線区間。朝霞台にて。

第4章 駅のしくみと特徴

越生線 ～一本松、西大家、東毛呂、越生～
東上線唯一の支線

江戸時代の俗伝に由来する駅名

　越生線の起点である坂戸駅を出発した列車が最初に停まるのが**一本松駅**です。駅周辺に一本松という地名はありませんが、駅名の由来は何でしょうか？ 江戸時代、駅から少し離れたところにある交差点付近に立派な一本の松があり、行き交う旅人は、松の見事さに振り返り通り過ぎたそうです。いつしか「**みかえりの松**」と呼ばれ、この付近の俗称が「**一本の松**」となりました。開業の際にこの松の名前を駅名に用いたと考えられます。

　西大家駅は、列車の行き違いができない、ホーム片面だけの**棒線駅**です。武州唐沢駅とこの駅を除くほかの駅は行き違いが可能な構造で、武州長瀬～東毛呂間は複線になっています。これにより、昼間でもほぼ15分間隔の運転を行なうことが可能になっています。1945年までは越生線に大家駅がありましたが、今は廃止され、西大家駅だけが残りました。

利便性が高くて人気の越生線

　東毛呂駅から15分ほど西に歩くと、JR八高線の毛呂駅があります。この辺りからは、どちらの駅も利用できそうですが、JR八高線は列車の運転本数が少なく、2時間ほど間隔が空く時間帯もあります。さらに、駅間距離も長いうえ、都心に向かう路線ではありません。したがって、**昼間でも1時間に4本列車が走る**越生線の方が利便性が高いのです。

　終点の**越生駅**にはJR八高線と越生線が並んでいますが、越生線のホームに比べてJR八高線ホームは閑散としています。越生線のホームには、列車が**絶えず1編成は停車**しています。列車が到着すると、入れ替わりに停車していた列車が坂戸へ向けて発車していくというダイヤが組まれています。そのため、車内で座って発車を待つことができ、快適です。

用語解説

棒線駅
単線区間で列車の行き違いができない駅。片面ホームだけでポイント（分岐器）も側線もなく、駅としては一番簡素な施設です。単線区間は数多くありますが、大師線の大師駅は終着駅でかつ棒線駅となっています。

JR八高線
八王子と高崎を結ぶ路線として名付けられました。実際には八王子と倉賀野を結ぶ路線で、列車は倉賀野から高崎線に乗り入れて高崎に向かいます。

越生線の列車(左)とJR八高線ディーゼルカー(右)。

越生駅の駅舎は、JR八高線と共用。

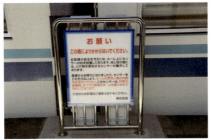

ホームの赤外線センサー。

 Mini Column

安全のためのセンサー

越生線のホームには、赤外線センサーが設置されています。これにより、列車の発車時に人や物を感知すると安全確認のため列車が停止するようになっています。列車を降りたら、黄色い線の内側を歩きましょう。東武鉄道では、このセンサーがワンマン運転が行なわれる支線の駅に多く設置されています。

第4章 駅のしくみと特徴

第5章
珍しい車両、知られざる施設

東武鉄道の魅力を支えているのは、車両や駅のほかにもさまざまな施設や設備の存在です。明治30年から続く東武鉄道の歴史をまとめた「東武博物館」や検査のための車両工場、列車のための休憩所ともいわれる留置線など、知る人ぞ知る注目スポットなどを見ていきましょう。

見て、聞いて、触って、歴史を肌で感じる
歴史をひもとく東武博物館

歴代の名車両が一堂に会するスポット

　東武スカイツリーラインの**東向島駅**高架下にある**東武博物館**は、東武鉄道の歴代の車両、模型、写真や資料のパネル展示が行なわれている鉄道ミュージアムです。

　歴史的展示車両としては、1924年の浅草（現・とうきょうスカイツリー）～西新井電化開業時の木造列**車デハ1形5号**、戦後初の特急車両**5700系**（通称ネコひげ）、イギリス製の**5号蒸気機関車**、貨物列車を牽引した電気機関車**ED101形**と**ED5010形**、一世を風靡した**1720系デラックスロマンスカー**などが屋内や屋外に展示されています。車内を見学できる車両もあり、蒸気機関車では、動輪を動かし汽笛を鳴らす3分間のショーが1日4回行なわれています。

　また、東武鉄道の路線延長の変遷や歴代車両がパネル展示されており、現在に至る発展の様子が手に取るように分かります。また、運行システム、ポイントと信号機のシステムは大型模型で分かりやすく解説されています。

運転台や線路付近をのぞいてみよう

　鉄道模型レイアウトは東京スカイツリーなど沿線の建物も配置された**大パノラマ**で、特急から通勤列車までさまざまな車両が走り回っています。運転台シミュレーションも大人気で、いつも順番待ちの長い列ができています。また、高架である東向島駅のホーム下の様子がのぞける「**ウォッチングプロムナード**」では、列車の車輪や線路の継ぎ目などを間近に観察することができます。

　普通の鉄道車両ばかりではなく、日光を走った路面列車、ロープウエーのゴンドラ、東武鉄道が運行していたバスも展示されています。また、東上線100周年展示などの期間限定企画展も開催されています。

DATA

開館時間：10時～16時30分（最終入場16時）
休館日：毎週月曜日（月曜日が休日の場合は翌日）、年末年始（12月29日～1月3日）
入館料：大人200円、子供（4才から中学生まで）100円
交通案内：東武スカイツリーライン東向島駅下車すぐ
所在地：〒131-0032 東京都墨田区東向島4-28-16

豆知識

デハ1形5号列車
東武鉄道が初めて1924年10月1日に浅草～西新井間を電化した時に走った木造列車です。正面の5枚窓、側窓降下式、3枚ドア、ダブルルーフ、米国ウェスチングハウス社製パンタグラフおよび電機装置、英国ブリル社製台車、両運転台（H棒仕切）などが特徴です。東武鉄道記念物32号。

5700形5701号（ネコひげ）
1951年、戦後最初に新造された日光・鬼怒川線特急車。最初のモハ5700・クハ700形 4両は、正面2枚窓の通称「湘南型」の変形ともいえる独特の流線形で登場。前面の飾り金の形から「ネコひげ」の愛称で親しまれました。1960年、貫通扉付に改造されましたが、展示を機にネコひげ形に復元されました。

ED101形101号
東武鉄道最初の電気機関車。1928年英国のイングリッシュ・エレクトリック社製で、1930年2月に就役。当初は貨物列車のほか、客車を引いて団体用にも使用されました。東武鉄道の電気機関車は1944年3月総武鉄道（現・東武アーバンパークライン）と合併するまでは、このED101号1両のみでした。

東向島駅高架下にある東武博物館。駅直下と便利なので、いつもにぎわっています。

主な展示車両

東武鉄道初の電車は木造のデハ1形。浅草(現・とうきょうスカイツリー)〜西新井間を走行しました。

戦後初の日光方面への特急列車。「ネコひげ」の愛称で親しまれました。

一世を風靡したデラックスロマンスカー(DRC)「けごん」。屋外展示のため道路からよく見えます。

かつて日光で活躍した路面列車。この車両も屋外に展示されています。

東武のさまざまな列車が走りまわる鉄道模型大パノラマレイアウト。

通過する列車の足元を至近距離で眺めることができる「ウォッチングプロムナード」。

東武鉄道最大の車両工場
南栗橋車両管区・南栗橋工場

東京ドーム4.5個分の巨大な工場

　日光線と伊勢崎線が分岐する東武動物公園駅から日光線に乗って3つ目、南栗橋駅の北側に広がっているのが東武鉄道最大の車両工場がある**南栗橋車両管区**です。広大な敷地は東京ドーム4.5個分。東武鉄道の看板列車特急「スペーシア」をはじめ、さまざまな車両の**全般検査**がここで行なわれています。「全般検査」とは、クルマの車検や人間ドックのようなもの。車体がパーツごとに分解され、徹底的に検査が行なわれます。

安全確保のための検査の流れ

　まずは、工場の入場線に検査対象の車両が運ばれます。ここからは、安全上の理由から架線に電流が流されていないため、列車は自力では動かず、小さな**構内入れ替え機**に押されて建物内に入ります。

　工場に入ると、車両は編成を解かれ、屋根上のクーラーやパンタグラフが取り外されます。台車やモーターなどは水分を使わず、エアでほこりや泥などを**気吹き**清掃します。その後、巨大なクレーンによって、車体を台車から切り離します。台車は、さらにモーターや車輪に分解され、長い距離を走り傷んだ車輪も旋盤で削って形を整えるなど、それぞれのパーツが徹底的にチェックされます。

　そのほか、屋根上の機器の点検作業は、作業員が列車の屋根と同じ高さの作業場に上って行ないます。

　各部品の検査が終わると、再び各パーツが組み立てられ、最終的に再びクレーンで持ち上げられた車体が台車の上に置かれて、「列車」の形に戻されます。

　その後の複雑な電気の配線などの結合作業は、手慣れた作業員の手で行なわれます。こうして検査が一通り終わると、試験走行をした後、通常の営業運転に戻されます。

DATA

南栗橋車両管区（本区）
所在地：埼玉県久喜市北広島1323-3
敷地面積：217,682㎡
配属車両数：208両
業務開始：2004年4月1日

POINT

全般検査
国土交通省によって定められた鉄道車両の定期検査のうち、最も大掛かりなもの。車体を分解して、徹底的に調べる。通勤型車両の場合、全行程は5日程度なのに対し、「スペーシア」などの特急型車両は特別扱いとなり、9日ほどかけて検査されます。

用語解説

台車
鉄道車両の車体と直結しない走行装置。左右に1対の車輪が付いた車軸が2つある2軸台車が一般的。台車により、長い車体でもカーブをスムーズに曲がることができます。

豆知識

車輪の自動搬送装置
車輪一対といえども人力ではびくともしないほど巨大なので、自動搬送装置で移動させます。装置は工場内の線路脇に組み込まれ隠されているので、見た目には台車や車輪が一人で勝手に動いているように見えます。

🕐 工場内の様子

点検のため足回りと切り離され、宙づりになった特急「スペーシア」の車体。

巨大な工場棟に向かって線路が延びています。歩くとかなりの距離です。

列車の車輪を1つずつ削り、滑らかに走れるよう調整しています。

一対の車輪の向きを変えて移動するのもすべて自動で行なわれます。

多種類の列車が広大な車両基地で待機しています。

 Mini Column

東武鉄道を支える職人技

工場内の作業は、多くの工程が自動化され、テンポよく進んでいきます。しかし、微妙な接合具合や細部のチェックは、必ず熟達した係員の手により入念に行なわれます。機械化が進んでも、長年の作業を通じて培われた目視や経験に勝るものはないからです。そうした職人技こそが、列車の安全運行に欠かせないものであり、私たちの見えないところで確実に鉄道会社を支えているのです。

第5章　珍しい車両、知られざる施設

東上線の3つの車両基地
森林公園、川越、下板橋

愛称決定イベントで森林公園検修区に勢ぞろいした50000系。　　　　　　　　　　　　　　　　　（東武博物館所蔵）

東上線最大の車両基地

　東上線最大の車両基地は、森林公園駅に隣接した**森林公園検修区**です。東京ドームの1.5倍の広さがあり、東上線と越生線を走る**総数658両**にも及ぶ車両がこの所属となります。南栗橋車両管区とは異なり、特急車両は扱っていませんが、重要な車両基地です。

基地から工場へ変化を遂げる

　森林公園検修区が業務を開始したのは、1971年のことでした。それまで、東上線の車両基地は、川越市駅に隣接した**川越列車庫**でした。長らく、ここが東上線の車両基地として機能していましたが、車両が飛躍的に増えて手狭になったため、敷地の広い現在の森林公園検修区に移転しました。
　車両基地移転後の旧川越列車庫は、現在、**川越工場**

DATA

森林公園検修区
所在地：埼玉県比企郡滑川町
敷地面積：69,746㎡
配属車両数：658両
業務開始：1971年3月1日

豆知識

森林公園駅
国営武蔵丘陵森林公園の最寄り駅で、そこまではバスで連絡しています。東京メトロ副都心線・有楽町線からの直通列車の終着駅です。

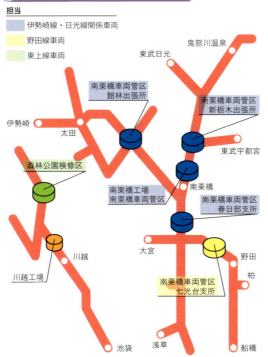

Mini Column

東上線の貨物列車

1986年まで、下板橋には貨物駅がありました。今の電留線のあるところです。埼玉県日高市の日本セメント工場から、越生線、東上線経由で貨物列車が来て、下板橋貨物駅に隣接したセメント積み下ろし施設で作業していました。貨物列車廃止後、列車の留置線に転用されました。

として東上線の車両の**重要部検査**や**全般検査**を行なっています。ただし、8000系の重要部・全般検査と、10000系系統の一部の重要部・全般検査は南栗橋車両管区で行なわれるため、秩父鉄道を経由して回送されます。

貨物列車の駅が留置線へ

もう一つ、池袋に近い下板橋駅に隣接するところに**留置線**があります。かつては貨物列車専用の駅だったのですが、現在は列車を一時休ませる**電留線**になっており、昼間に数本の列車が休んでいます。この留置線では、TJライナー用車両の姿も見ることができます。TJライナー用の何編成かは、遠く森林公園を出発して快速急行として池袋駅までやってくるのですが、2編成ほどは、昼間は下板橋駅の留置線で休み、発車時刻が近づいてくると池袋駅まで回送されるのです。

用語解説

電留線
車両を一時的に留めておく線路を留置線といいます。その中でも、列車だけの留置線を特に電留線と呼びます。

下板橋の電留線

下板橋　　　　大山

列車庫
車両基地の古い呼称。列車専用の車庫の意味。その後、列車区、車両基地、車両センターなど名称は変わっています。

知る人ぞ知る、列車の休憩所
とうきょうスカイツリー駅構内留置線

東京スカイツリーを見上げて休む列車

　東京スカイツリーのお膝元、とうきょうスカイツリー駅のはずれの曳舟方面には、10本もの留置線が存在し、何編成もの列車を停めておくことができるようになっています。

　近くに工場や車庫はありませんが、ここでは**列車が休んでいます**。とくに特急列車や通勤列車が留置されていることが多いようです。朝、東武宇都宮駅から浅草駅に到着した**特急「しもつけ」**は、乗客を降ろした後ここまで回送され、夕方まで休んでいます。時間になると浅草駅まで回送され、「しもつけ」として東武宇都宮駅へ向かいます。

　ほかにも、浅草駅から**「りょうもう」**が回送されてきます。特急は浅草駅に到着後、車内清掃が行なわれ、折り返しの列車として発車する場合もありますが、とうきょうスカイツリー駅留置線に回送され、ここで待機した後再び浅草駅まで回送して、特急として運転されることもあります。留置線の脇は本線なので、「スペーシア」や普通列車が通過していきます。

全貌はココで見られる！

　この留置線に停まっている車両を近くから眺めようとすると、塀やコンクリート製の大きな車止めに遮られ、よく見えません。しかし、現場から少し離れて、**線路際にある駐輪場の屋上庭園**、あるいは**東京スカイツリーの展望台**からなら、その全体像を眺めることができます。

　この留置線は、通常、一般には公開されていません。しかし、展望列車スカイツリートレインのデビュー時に、この留置線で車両の報道向け公開がありました。東京スカイツリーをバックにスカイツリートレインの撮影などが行なわれました。

用語解説

留置線
一時的に車両を停めておく線路のこと。列車に限って留置する場所なら電留線ともいいます（一部引き上げ線など含む）。

留置線（電留線）のある駅構内

東武スカイツリーライン、伊勢崎線
とうきょうスカイツリー駅、北千住駅、北越谷駅、春日部駅、東武動物公園駅、久喜駅、太田駅、竹ノ塚駅、北春日部駅、館林駅
佐野線
葛生駅
桐生線
赤城駅
日光線、鬼怒川線
下今市駅、南栗橋駅、新栃木駅、栃木駅、新藤原駅、鬼怒川温泉駅、鬼怒川公園駅
東武アーバンパークライン
岩槻駅、高柳駅
東上線、越生線
下板橋駅、上板橋駅、成増駅、志木駅、上福岡駅、川越市駅、坂戸駅、高坂駅、森林公園駅、小川町駅、越生駅、寄居駅

車止め
行き止まりの線路で、車両が暴走したときに、逸脱しないようにブロックする設備。簡単なつくりのものや、コンクリートで固めたものなど種類はさまざまです。

350型が停車中の留置線。

350型特急列車(写真下)の隣に到着する200系「りょうもう」の回送列車。その脇を浅草行き特急「スペーシア」(写真中央)が通過しています。

東京スカイツリーをバックに停車する展望列車「スカイツリートレイン」。

東京スカイツリー展望台から曳舟駅を見下ろす。「スペーシア」が通過していきます。

展望台からの眺め

東京スカイツリーの展望台からは、東京周辺の街並みが一望できます。鉄道も確認できますが、とくに、東武線の列車が浅草駅を出発して隅田川を渡り、東京スカイツリーの脇を通り抜けて曳舟駅に至る辺りまではとてもよく見えます。しかし、見えるといってもはるか下。まるで、小さな鉄道模型車両が走っているようです。

第5章 珍しい車両、知られざる施設

鉄道ファンは、みんな知っている!?
東上線から南栗橋への回送ルート

東武東上線から回送される8000系。　　　　　　　　　　（東武博物館所蔵）

東上線と日光線の見えないルート

　東上線の一部の列車を日光線の南栗橋車両管区で検査する場合、列車を回送する必要があります。しかし、東上線と日光線の線路は、つながっていません。どのように回送するのでしょうか？

　東上線の終点、寄居駅では**秩父鉄道**と接続しています。秩父鉄道は、ここから東に向かうとJR熊谷駅を通り、羽生駅が終点となります。この羽生駅は東武伊勢崎線との乗換駅でもあります。つまり、秩父鉄道を経由して、東上線と伊勢崎線がつながっているのです。

　回送列車は、まず東上線を寄居駅まで来ると秩父鉄道に乗り入れ、進行方向を変えて羽生駅を目指します。羽生駅に到着すると、伊勢崎線で東武動物公園駅を目指し、再び進行方向を変えて日光線に入り、ようやく南栗橋駅に到着します。

用語解説
秩父鉄道
羽生〜熊谷〜寄居〜秩父〜三峰口を走る鉄道。列車のほか、秩父のセメントを運ぶ貨物列車を多数運転しています。また観光用に「SLパレオエクスプレス号」も運転しています。

🕐 MAP

東上線と伊勢崎線は秩父鉄道を経由してつながっています。

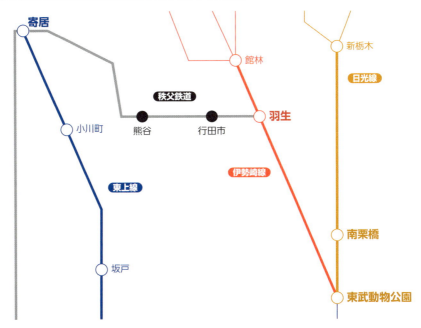

簡単ではない、回送の問題点

　線路がつながっていれば自由自在に列車を走らせることができるように思いますが、実はそれほど単純ではありません。東武鉄道と秩父鉄道では、安全装置である**ATSの方式が異なります**。そのため、回送列車を運転する際には、秩父鉄道のATSに対応した車両が必要となります。この装置が配備された特別な車両を回送車両の先頭に連結することで、秩父鉄道内で運転ができるようになります。

　また、秩父鉄道で貨物列車を牽引している**電気機関車デキ**が列車を牽引することもあります。この場合、回送される列車の動力は使わず、電気機関車が「無動力の車両としての列車」を牽引していくのです。デキが普段牽引している貨車と同じ扱いです。

　これらの問題をクリアし、東上線と伊勢崎線・日光線との間で、列車が行き交うことができるのです。

📖 用語解説

秩父鉄道の電気機関車デキ
セメント輸送の貨車を牽引しているのが電気機関車デキで、デキ100形、デキ200形、デキ300形、デキ500形の4種類があります。貨物輸送を行なっている数少ない私鉄の電気機関車として貴重な存在です。

ATS
自動列車停止装置（Automatic Train Stop）の英語の頭文字を組み合わせた略号。列車の衝突防止・速度超過を防止するための安全装置のことです。さまざまなタイプがあり、鉄道会社や路線によって異なります。

第5章　珍しい車両、知られざる施設

特別ルートで運行！
臨時列車で楽しむ日光への旅

普段と違う路線を走る！ 臨時団体列車

　東武鉄道では、時折、**臨時団体列車**が運行されます。利用目的は、学校の修学旅行、遠足、町内会の親睦旅行をはじめ、旅行会社が募集する団体旅行専用列車など多種多様です。

　運行はほとんどが不定期で、使われる車両もさまざま。また、運転経路も普段とは違うルートで走ることもあります。

こんなルートも!? JR経由の夜行列車

　1951年10月、東上線武蔵嵐山駅長主催の団体列車が運行されました。

　団体旅行客は約400人。使用された車両は、**54系「フライング東上」号**でした。列車は、東上線武蔵嵐山駅を20時04分に発車し、川越駅へ。ここで国鉄（現JR）に乗り入れ、川越～大宮間は国鉄川越線のＳＬが列車を牽引しました。大宮駅からは東武野田線に乗り入れ、春日部駅を経由して日光線に入り、深夜0時40分、東武日光駅に到着しました。旅行客は車内で仮眠をとった後、日光軌道、ケーブルカーを乗り継ぎ、紅葉で色づく奥日光を堪能しました。

用語解説
国鉄川越線
首都圏にありながら長らく非電化で、1985年にようやく電化されました。SLは主に9600形が使われていたため、東武鉄道の列車を牽引したのも9600形と想像されます。

川越線の今
かつて、蒸気機関車が列車を牽引した国鉄川越線（現・JR川越線）。現在は電化されていますが、東武鉄道の列車が直通することはできません。理由としては、まず線路配置がすっかり変わってしまったこと。当時は貨物列車の直通運転があったため、東上線と川越線の線路がつながっていましたが、現在はつながっていません。また、川越線の大宮駅は地下に潜ってしまい、直接野田線に乗り入れることができなくなりました。「フライング東上」号が運転された団体列車のルートは、2度と再現できないものなのです。

部署による分担と連携

1964年に日光線快速列車としてデビューした6000型列車のＰＲを兼ね、1967年9月、秩父鉄道寄居～羽生間を経由するルートで団体列車が運行されました。

「直通快速列車で東上線から日光・鬼怒川路一泊旅行」と銘打たれ、4日間で計1500名が参加しました。

使用された車両は、**6000型6両編成**。9月5日早朝6時20分に池袋駅を発車し、寄居駅、羽生駅、杉戸駅（現・東武動物公園）を経由、東武日光には11時32分に到着しました。

その後、貸切バスで日光周辺を観光、鬼怒川温泉に一泊し、往路と逆のルートで池袋駅に戻りました。

この団体列車は、募集早々に満席となるなど大盛況だったため、1968年8月には第2弾として、池袋～鬼怒川公園間が同様の経路で運転されました。

> **POINT**
> **そのほかの臨時列車**
> 東上線から日光方面へ向かった臨時列車としては、このほかに、1960年秋、秩父鉄道寄居～羽生間を経由するルートで運転されました。

> **用語解説**
> **日光軌道**
> 正式名称は、東武日光軌道線。東武鉄道が運営していた路面電車です。日光駅前から馬返まで10kmほどの距離を走っていましたが、1968年2月に全線廃止となりました。

第5章 珍しい車両、知られざる施設

1949～67年までの間、主に春や秋の休日に運行されていた行楽用の臨時列車「フライング東上」号。写真は2015年に行なわれたリバイバルカラー車両でのもの。

第6章 運行のしくみ

毎日、絶え間なく繰り返される列車の運行は、多くの人々と各部署の分担と連携によって行なわれています。運転士や車掌、研修員などの役割と仕事のほか、東武鉄道が他社の車両と乗り入れを行なう際の連携のしくみについても紹介します。

日々の輸送を支える
運行にかかわる人々

多岐にわたる業務内容

鉄道は単に車両が走るというだけではなく、総合的なシステムになっています。**車両はもちろん、線路、駅、電気、信号などがすべて適正に機能**していないと、列車の運行はできません。時代とともに鉄道は進化し、多くのものが自動化されています。しかし、その自動化されたものを操作するのも、メンテナンスするのも人間です。

また、沿線の人口の推移、企業や学校などの施設の動向などから、利用需要を的確に予測し、それに合致した**輸送力を確保**することも重要です。これを、**列車ダイヤの設定、新しい路線や駅、複々線化、車両の増備の計画**などにつなげるためには、やはり人間の頭脳が必要となります。

> **豆知識**
> **CSワーキング**
> 東武鉄道では2007年からCS（顧客満足度）の向上を目指し、CSワーキングが行なわれています。2013年秋からはその活動の一環で、「人のために、ひとつひとつ。東武鉄道」というタイトルのポスターが制作され、駅などに掲示されています。

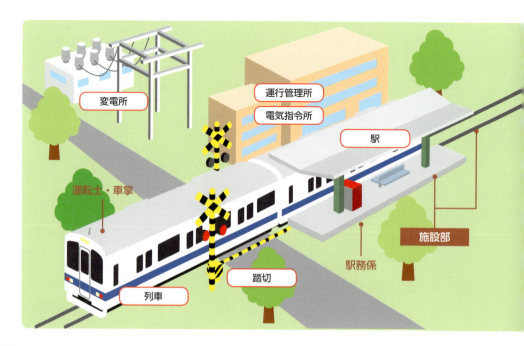

このように、日々の列車の運行には、さまざまな立場の人がかかわっているのです。

部署による分担と連携

東武鉄道の会社組織のうち、鉄道に関することを主に担当しているのは**鉄道事業本部**です。その中には営業、運輸、車両、施設、改良工事などの部署があります。

日常の列車の運行に直接携わるのは、運転計画の策定や運行管理などの役割を持つとともに、乗務員を統括する**運輸部**です。車両の計画やメンテナンスなどは**車両部**、線路や駅をはじめとした地上設備の管理は**施設部**という分担になっています。そして、駅係員の統括や利用者のニーズを把握し事業計画に反映させるなど、幅広く戦略的な活動をするのが**営業部**です。**改良工事部**は複々線化などの改良工事を担当し、これも東武鉄道にとって重要な役割を担っています。

東武鉄道には駅ビルなどを運営、管理する関連事業もあり、多くの人が日々の業務を進めています。

> **POINT**
> **協力会社**
> 大手私鉄の業務内容は多岐にわたり、すべてを1つの会社で受け持つと組織が大きくなり過ぎます。そこで、専門分野に特化した協力会社と分担し、効率的に業務が進められています。

> **豆知識**
> **東武グループのバス**
> 東武グループ内の事業には、バスもあります。バス事業を手がけるのは東武バスグループや朝日自動車グループで、資産の所有・管理をする東武バス、地域別に路線バスと観光バスを運行する、東武バスセントラル、東武バスウエスト、東武バスイースト、東武バス日光などで構成されています。

安全な運行を支える
車掌・運転士の役割と仕事

音楽に例えると指揮者

　車掌というと、運転士に比べて地味なイメージを持つ人も多いかもしれません。しかし、「車掌」の英訳は「Conductor」、すなわち**指揮者**です。**運行中の列車の時刻や安全などを管理する責任者**の役割を持ち、仕事内容も多岐にわたります。

　最も忙しくなるのは、列車が駅に到着してから発車するまでの間です。まず、列車がホームの停止位置に正しく止まったことを確認し、ドアを開けます。そして、乗降の様子を見ながら、発車時刻が近づいたらドアを閉めるのですが、その際には人を挟むことがないように細心の注意を払わなければなりません。その後、すべてのドアが閉まったことを確認します。長い編成の列車で、ホームがカーブしている場合などは、特に神経を使います。

異常時にも的確に対応

　東武鉄道では、車掌はドアが完全に閉まったら、ホーム上の利用客が車両から離れたことを確認した後、車両にある連絡ブザーを使い、運転士に**発車の合図**を送ります。無事に発車してからも、気を抜く余裕はありません。乗客への**案内放送**を適切な内容、適切なタイミングで行ないます。また、走行している車両に異常が起きていないか、乗客にトラブルはないかなど、常に気を配ることも必要です。

　列車はいつも定刻で運行されるとは限りません。何かの事情でダイヤが乱れた場合は、**運転士**や**運行管理所**と緊密に連絡を取りながら対処します。乗客へ案内放送をすることも重要です。また、車内で急病人が発生した際は、状況確認や救護を行ない、駅係員に引き継ぎます。このように車掌業務が遂行されることが、鉄道の安全運行を支えているのです。

POINT
車掌業務
東武鉄道で車掌になるには、まず駅係員を経験したうえ車掌教育を受講します。そして、所定の期間見習い乗務を行なった後、はじめて単独で乗務することができます。

豆知識
「スペーシア」のアテンダント
特急「スペーシア」には、車掌のほかに「スペーシアアテンダント」と呼ばれる案内係が乗務していましたが、2003年に廃止されました。その後、浅草駅にステーションアテンダントとして配置され、案内などで乗客をサポートしています。

車内改札
車掌の業務には、車内改札(検札)もあります。車内を回って乗客の切符を確認するとともに、乗り越しの精算なども行ないます。ただ近年は、ICカードの普及により、特急列車や快速列車を除けば、あまり行なわれていません。

確認につぐ確認

運転士の役割は、文字通り列車を運転することです。運転とは、加速と減速の操作をし、列車をダイヤ通りに走らせることですが、実際には決して単純なものではありません。最も重要なのは、何といっても「**安全**」です。走行中、運転士は常に前方を見て、**線路に異常や障害物がないか**をチェックしなければなりません。また、信号機の指示や制限速度を守り、踏切では**警報機や遮断機が作動しているか**も確認します。

2015年1月から東上線川越市～小川町間、同年6月から和光市～川越市間、同年9月から池袋～和光市間で**ATC（自動列車制御装置）**が使用されています。この区間は地上に信号機がないため、運転台にある車内信号機を確認しながら、運転が行なわれます。

担当範囲が広がるワンマン運転

運転士が乗務中に注意しなければならないことの一つは、**列車種別により停車駅が異なる**ことです。当然のことながら、駅の停車と通過を間違えるわけにはいきません。また、駅では**正しい位置に停止**することも重要です。可動式ホーム柵がある場合、停止位置がずれるとドアを開くことができなくなります。

近年、東武鉄道では一部の路線で**ワンマン運転**が行なわれています。その場合は車掌が乗務しないので、**運転士が車掌の役割も合わせて担当**します。さまざまな状況の中で的確な判断と動作をすることが、安全な運行には欠かせません。

車掌や運転士になるには、十分な訓練を受けることが必要です。その訓練は、東武鉄道では**鉄道乗務員養成所**という施設で行なわれ、実際の車両を模したシミュレーターも使われます。

豆知識
踏切
踏切で警報機が鳴り遮断機が降りたときは、踏切反応灯という信号機の一種が点灯します。運転士はそれを見て、そのまま進めることを確認します。

用語解説
可動式ホーム柵
2016年3月末時点で、東武鉄道で可動式ホーム柵が設置されているのは、東上線の和光市駅、東武アーバンパークラインの船橋駅と柏駅です。

豆知識
資格取得の費用
鉄道の運転士の資格を取るためには、訓練や試験などに多額の費用がかかります。千葉県のいすみ鉄道は、その費用として700万円を自己負担するという条件で、運転士を一般募集したことがあります。

ATCに対応した運転台

運転士になるには
東武鉄道で乗務員や駅係員の教育訓練が行なわれる施設は「鉄道乗務員養成所」という名称で、国土交通省の指定を受けています。運転士になるには、駅などの勤務を経験した後、入所試験を受けてここに入所し、学科と技能で合計約9カ月にわたる講習を受け、さらに試験に合格しなければなりません。

第6章 運行のしくみ

東武鉄道の列車運行を司る
運行管理のしくみ

列車運行を管理するシステム

2001年度から東上線と越生線、2009年度から野田線（東武アーバンパークライン）、そして2015年3月から伊勢崎線と日光線の一部で**運行管理システム**が使用されています。これは運行中の列車の位置や状況をモニターしながら、**乗務員への指示、信号やポイントの制御**などをするものです。

ダイヤ通りの運行の確保や、遅れが生じた際のスムーズな回復に有効であるとともに、全線の状況を把握することで、利用者への**的確な運行情報の案内**も可能になりました。

東武本線と東上線は運行管理所で運転、営業、車両、施設の総合的な指令業務が行なわれています。ダイヤの設定、利用者のニーズの把握、車両や乗務員の確保、施設の対応を連携してできるので、円滑な列車の運行に効果的です。

異常時に備えた安全対策

運行管理所で列車への指示などを担当する**運転指令**は、無線で乗務員と交信することができます。また、そのために東武鉄道の全列車に**列車無線装置**が備わっています。異常発生時には、運転指令が各列車の乗務員から状況をリアルタイムに聞き取り、迅速かつ的確な指示を出すのです。

また、列車無線装置には**防護無線**という機能もあります。事故や異常が発生した際、乗務員室にある防護無線装置のボタンを押すと非常信号が発せられ、周辺の全列車に停止の手配を取ることができます。状況が判明するまで対応が取れずにいると、二次的な事故につながる恐れがあります。そのため、まずは列車を止めて安全を確保するのが狙いです。防護無線が作動した際も、運転指令が情報収集のうえ、乗務員へ運転再開などの指示を出します。

用語解説

東武本線
東武鉄道の路線のうち、伊勢崎線と日光線およびこの2線に接続する各線を、「東武本線」と総称することがあります。また、東上線と越生線を合わせて「東武東上線」と呼ぶこともあります。

防護無線
事故や異常を発見した乗務員の操作で作動し、周辺の列車に緊急停止の警報が発信されます。これを受信した列車の乗務員は、すぐに列車を停止させます。

豆知識

無線アンテナ
乗務員と運転指令の間で無線を使うため、列車の乗務員室の屋根上に無線アンテナがあります。東武鉄道の場合、「L」の字を上下逆にしたような形のものと、円筒状のものがあります。

運行管理

運行管理所では、運行管理システムを使って行先案内盤や自動放送の制御を行なったり、信号・ポイント制御や乗務員への指示を行ないます。

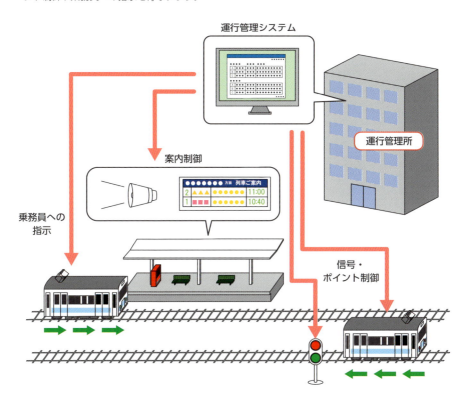

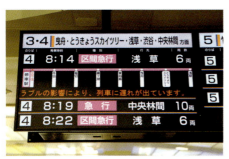

駅構内の表示器に運行情報が出ています。

運行ダイヤの設定

日々の列車の運行には、ダイヤの設定が重要です。その際、単に利用需要に合わせ、列車の本数や時刻を決めることはできません。車両や乗務員が確保できるかなどを綿密に検討します。例えば、朝のラッシュ時は都心へ向かう方面に乗客が集中しますが、反対方向にも同程度の本数の列車を走らせないと、車両や乗務員のやりくりがつかなくなります。

線路のしくみと保線

線路整備も安全の要

レールの状態が運行に影響

　東武鉄道には東日本の私鉄で最大の路線網があります。日々、安全で快適、かつ正確な時刻で列車を運行するためには、適切なメンテナンスによって線路が良好な状態に維持されることが不可欠です。

　こうした運行には欠かせない線路の保守のことを「**保線**」といい、東武鉄道の会社組織の中では、**鉄道事業本部施設部**が、信号や電気、通信などとともに管轄しています。

　安全な列車運行には、レールの上下および左右の位置が正しく、枕木やバラスト（砂利）の状態も適正でないといけません。また、重い列車が走ることでレールの表面が磨耗し、凹凸ができると乗り心地が悪くなったり、騒音の原因にもなります。したがって、保線は定期的に行なわなければならない、重要な業務なのです。

不可欠な線路のメンテナンス

　保線では、まず**線路の状態**をチェックすることが必要です。定期的に係員が徒歩あるいは列車の運転室に同乗し目視するとともに、**車両走行中の音や揺れ**により、日常の線路の状態を把握しています。また、「**総合軌道検測車**」を使い、レールの位置やゆがみ、車体の揺れ、レールの摩耗を測定し、数値でも把握します。

　これらの点検の結果に基づいて行なわれるのが、線路の整備です。そのための主な装置に、レールを砥石で削って形を整える「**レール削正車**」や、バラストを突き固める「**マルチプルタイタンパー**」があります。そして、長期間にわたる使用で摩耗が進んだレールや、劣化した枕木は交換することになります。

　保線の大がかりな作業は、列車運行中にはできません。そこで、終電から初電までの間に済ませられるよう、念入りに計画したうえで実施されます。

用語解説

バラスト
線路に敷く石のことをバラストといいます。これは、レールから枕木を介して伝わる重量や振動を吸収するという重要な役割を担うとともに、雨水をためない効果を持つ、優れたものです。

POINT

レール削正車
日々の列車の運行により、レールがすり減ります。その減り方は均等ではなく、放っておくと表面に凹凸が生じるので、レール削正車で削って平らにします。

レール交換
レールがすり減ると、レール削正車で何度も削りますが、やがて使用限度に達します。そのときは新しいレールに交換するので、保線部門による大がかりな作業となります。

🕐 保線の仕事

❶ 徒歩巡回
線路上を徒歩で巡回し、軌道の状態をチェックします。

❷ 総合軌道検測車
線路の軌道や高低、水準などを測定したり、超音波でレールを診断したりして、線路の状態を正確に把握します。

❸ レール削正車
列車運行によりレール表面にできた凹凸を削って平らにします。

❹ マルチプルタイタンパー
線路のバラスト（砂利）を突き詰める保線用の機械。

Mini Column

レール削正車
東武鉄道で使用しているレール削正車は、RR16M14というもので、車体の下にある16個の砥石を高速で回転させ、レールの上面や側面を整えます。3両編成で全長は約32m、重量は約100tという大きな機械です。これを使ったレール削正作業は、協力会社の東武建設株式会社が担当しています。

都心部乗り入れの秘策
直通運転の連携のしくみ

東武鉄道の車両が東急田園都市線に乗り入れ、東急電鉄の列車と並んでいます。

会社間でのバトンタッチ

　現在東武鉄道では、東武スカイツリーラインから**東京メトロ日比谷線**と**半蔵門線**、東上線から**東京メトロ有楽町線**、**副都心線**とその先の東急東横線および横浜高速鉄道みなとみらい線への相互直通運転が行なわれています。ここでポイントとなるのは、他社へ乗り入れるのは車両だけで、**乗務員は自社路線だけで乗務**するということです。

　東武鉄道と東京メトロとの境界となる、**北千住駅**、**押上駅**、**和光市駅**では直通列車の停車中に乗務員が交代します。東武鉄道の運転士も車掌も、乗り入れてくる他社の車両の各種機器類を操作できなければなりません。乗り入れ車両に共通規格を設けている理由の一つは、ここにあります。また、新たに相互直通運転を開始する際は、事前に相手先の路線に車両を持ち込み、乗務員の訓練も実施されます。

> **POINT**
> **みなとみらい線**
> 横浜高速鉄道みなとみらい線は自社車両を保有していますが、運行は東急電鉄に委託しています。そのため、東急電鉄の運転士と車掌が東横線とみなとみらい線を通して乗務します。

東武鉄道と東京メトロの境界駅で乗務員が交代している。
（東武博物館所蔵）

Mini Column

4方向が平面交差する小竹向原駅

東上線と直通運転する東京メトロ副都心線の小竹向原駅では、西武有楽町線、東京メトロ有楽町線が接続します。4方向に伸びる路線が平面で交差するため、2008年に副都心線がここに開業した当初、遅延発生時の影響が広範囲におよび、ダイヤが混乱することが頻繁にありました。複数の会社による直通運転の難しいところでもありますが、構内の線路配置の改良が進められています。

🕒 5社相互乗り入れ

みなとみらい線　東急東横線　東京メトロ副都心線　　　　東武東上線
元町・中華街 — 横浜 — 渋谷 — 池袋 — 小竹向原 — 和光市 — 森林公園
　　　　　　　　　　　　　　　　　　　　西武有楽町線
　　　　　　　　　　　　　　　　　　　　　　　　西武池袋線
　　　　　　　　　　　　　　　　　　　　　　　　練馬 — 飯能

遅延発生時の対応

　複数の鉄道会社による相互直通運転により利便性は高まるのですが、どこかで列車に遅延が発生した際、影響が広範囲にわたるという問題もあります。特に有楽町線と副都心線の関連では、**東武鉄道**、**西武鉄道**、**東急電鉄**、**横浜高速鉄道**がつながっているので、その傾向が見られます。複雑な相互直通をしていると、遅延の影響が広がるとともに回復も困難です。そこで、ひとまず直通運転を中止し、各社が自社線内の運行を正常に戻すという手法も取られます。各社の運転指令が連絡を取り合ったうえで、最適な判断をするわけです。

　2000年以降、東武スカイツリーラインと日比谷線の相互直通運転に、東武鉄道と東京メトロで**仕様を共通化した新型列車**が導入されました。2社の車両で性能や車内設備が同一となり、フレキシブルな運用が可能になりました。

🍀 豆知識

秩父鉄道への乗り入れ
東上線と秩父鉄道は寄居で接続し、1992年までは乗り入れ運転が行なわれていました。また、東上線と伊勢崎線の間の車両の移動の際は、秩父鉄道を介して回送されます。

故障時の連携
直通運転で乗り入れた先で車両が故障した場合、他社では修理できないケースがあります。そのようなときは、車両が所属する鉄道会社の担当者が部品などを持って駆けつけ、修理に当たります。

第6章　運行のしくみ

第7章 安心・安全のしくみ

東武鉄道が最も力を入れているのが安全への取り組みです。線路の保線から運転保安装置の制御、踏切の安全対策、運行規制など多岐にわたる項目が、毎日の安全・安心な運行を支えています。改良と進化を続ける取り組みの数々を解説します。

鉄道会社にとっての最優先事項
安全への取り組み

安全方針

当社は、「社是・信条」を基に、次に掲げる方針に従い、お客様への「安全・安心」を確実なものとする。

1. 「安全は東武グループすべての事業の根幹である」との信念のもと「安全を最優先」し、「信頼される東武鉄道」を目指す。
2. 「東武グループコンプライアンス基本方針」の精神に基づき、関係法令および規定等を遵守する。
3. 「安全対策に終わりはない」ことを常に念頭に置き、安全推進体制の継続的な見直しを進める。
4. 役職員一人ひとりが気付きの感度を高め、自ら考え、自ら行動することにより安全文化を創造していく。

安全行動規範

1. 役職員全員は、一致協力して輸送の安全の確保に努めます。
2. 輸送の安全に関する法令および関連する規程等をよく理解するとともにこれを遵守し、忠実かつ正確に職務を遂行します。
3. 常に輸送の安全に関する状況について、把握するように努めます。
4. 憶測に頼らず必要な確認の実行に努め、判断に迷った時は、最も安全と思われる取扱いをします。
5. 事故・災害等が発生した場合、組織や職責に拘ることなく、その状況を冷静に判断し、人命救助を優先に行動し、すみやかに安全適切な処置をとります。
6. 輸送の安全に関する情報は漏れなく迅速、正確に伝え、情報の共有化に努めます。
7. 常に輸送の安全に関し、問題意識を持ち、必要な対策を実施するよう努めます。
8. 輸送の安全に関する知識・技能の習得・習熟に努めます。

東武鉄道で定められている「安全方針」と「安全行動規範」。

全社一丸となった安全への誓い

　鉄道会社にとって、何よりも優先しなければならないことは「安全」です。

　東武鉄道は、利用者はもちろん、沿線の住民が安心して利用できるよう「安全」に対して絶えず取り組んでいます。

　東武鉄道では、輸送の安全確保に関する基本的な方針などを示した「**安全方針**」、輸送の安全確保に向けて役員から社員一人ひとりが取るべき行動を示した「**安全行動規範**」を定め、「**重大事故・重大インシデントゼロ**」の継続という「**安全目標**」を掲げ、さまざまな安全性向上の施策に取り組んでいます。

　そして、毎年度ごとに「**安全重点施策**」が定められ、重点的に取り組まれています。また、「安全重点施策」の実施状況の確認も重要視されており、半期ごとに評価、見直し・改善が実施されています。

用語解説

重大インシデント
事故そのものは発生しなかったものの、事故につながる可能性があると認められる事態のこと。

安全への取り組み

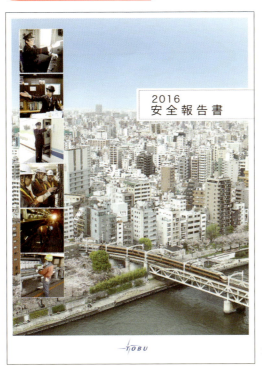

東武鉄道が毎年発行している「安全報告書」。同社のウェブサイトで閲覧できます。

安全報告書

東武鉄道では毎年度、「安全報告書」を公表しています。これは前年度に鉄道輸送の安全のためにどのような取り組みをしたか、広く紹介するためのものです。2016年版は33ページ（表紙、目次、奥付を含まず）で構成され、2015年度に実施した安全に関する施策、同年度の事故発生状況などが詳しく記載されています。

第7章 安全・安心のしくみ

安全性と輸送力の向上
線路の改良

レールの継ぎ目をなくして快適に

　鉄道が日々安全に運行されるには、車両とともに**線路がよく整備されていること**も重要です。そのために**保線の業務**が行なわれているのですが、さらに**線路の改良**も行なわれています。

　具体的な線路の改良としてまず挙げられるのは、**ロングレール化**です。従来は長さ25mのレールをつないでいたのに対し、近年では200m以上の長いものが使われています。継ぎ目の数が大幅に減るので、乗り心地が良くなるほか、**列車走行時の騒音や振動が少なくなる**点がメリットです。現在、東武鉄道で導入可能な線路のうち**約80％以上がロングレール化**されています。

弾性ポイントで安全性を向上

　継ぎ目を減らすという考え方は、ポイント、すなわち**線路の分岐部**にも取り入れられています。従来からのポイントは、レールの固定された部分と動く部分が別々で、間に継ぎ目があります。それに対し、両者を一体のレールにし、金属の弾性の範囲で動かすのが、新たに導入されている**弾性ポイント**です。ロングレールと同様、継ぎ目がなく**快適性や安全性が向上**します。東武鉄道ではこれを1990年から導入し、すでに360台以上が設置されています。

　また、さらに大きなスケールの改良として、ある区間の地上にある線路をまとめて高架に切り替える、**連続立体交差事業**もあります。該当区間では踏切がなくなり、交通渋滞が緩和され、安全性が向上します。また、高架の下にできる空間は店舗や駐車場など、さまざまな用途に活用でき、まちのにぎわいづくりや災害時の緊急輸送路の確保としても効果があります。

豆知識

継ぎ目
鉄道車両が走行しているとき、「ガタンゴトン」という音がします。この音は、レールの継ぎ目に車輪が当たって出るもので、「ガタン」と「ゴトン」それぞれで車輪が2つ（台車が1つ）ずつ通っています。

PC枕木
線路の下に敷かれる枕木は、もとは木製でしたが、1970年代ごろからコンクリート製が普及しています。これは中に金属の芯があり、コンクリートにあらかじめ力をかけて強度を高めたもので、PC（プレストレスト・コンクリート）枕木といいます。

POINT

ロングレール
ロングレールは気温の変動に伴う膨張と収縮のため、長さが大きく変化します。そのため、継ぎ目は伸縮する構造になっており、レールが曲がったり、すき間が生じたりするのを防いでいます。

ポイントがたくさんある始発駅などの線路。

🚃 ロングレール／弾性ポイントのしくみ

ロングレールの端には鉄の伸び縮みによるレールの歪みを防ぐための「伸縮継ぎ目」が設置されています。

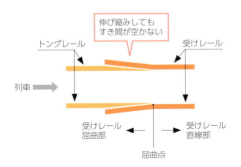

連続立体交差事業
道路が多い市街地などで、一定区間の線路をまとめて高架あるいは地下に移す事業を連続立体化事業といいます。踏切がなくなることによる安全性の向上や、道路渋滞の解消が大きなメリットです。これは鉄道会社単独でできることではなく、自治体と連携し都市計画の一環として進められます。

「弾性ポイント」ではレール間のすき間を減らすことにより、揺れや騒音を抑えることができます。

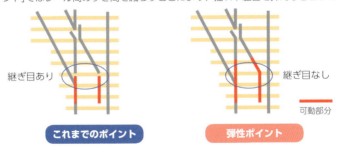

第7章 安全・安心のしくみ

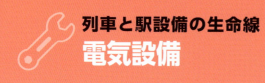
列車と駅設備の生命線
電気設備

あらゆるものが電気で作動

　東武鉄道の列車は電気を使って走っていますが、ほかにも、**信号などの保安設備**、**ポイント**、そして**駅の照明**や**エレベーター**、**エスカレーター**など、あらゆるものが電気で作動します。これらの電気を供給する源は、発電所から送られてきた高圧の電気を、使用する設備に合わせた電圧に改める**変電所**です。列車の運行用には**直流1500V**、駅、信号、踏切などの地上設備用には**交流6000V**が供給されます。そして、地上設備それぞれにも変圧器があり、実際に使う電圧に改められます。

　人間に健康管理が必要であるのと同様、これらの電気関係の設備も日常的なメンテナンスが不可欠です。

欠かせない日常的なメンテナンス

　東武鉄道の電気設備の検査や保守は、グループ会社の**東武エンジニアリング**が担当しています。**変電所**、**送電線**、**架線**、**地上の各種電気設備**と、検査・保守する対象は、多岐にわたります。線路や駅構内などを従業員が定期的に徒歩で巡回してチェックするという、地道な作業も行なわれています。

　変電所の部品の定期交換や大がかりな作業は、列車運行中にはできません。終電から初電までの間に行なうため、事前の計画や段取りを万全にしたうえで実施されます。架線の点検や交換も同様に終電後に行ない、その際は線路上を走行できる高所作業車の一種、**架線作業車**が使われます。電気設備の検査や保守の基地となる**電気区**と**支区**は13カ所あります。保線を担当する軌道区と支区は16カ所あります。IT化が進んでも、現場での作業が日常的に行なわれるので、鉄道のネットワークの要所にこれらの基地が設けられています。

POINT
直流1500V
東武鉄道の列車の電源は直流1500Vです。これは、JR在来線の直流電化路線や、多くの私鉄と同じもので、日本の電化路線の電源の標準的な電圧でもあります。

豆知識
レールによる設置
列車への電源は架線からパンタグラフを介して供給されますが、合わせて車輪とレールの接地(アース)によって回路が成り立ちます。架線にプラス用とマイナス用の2本がないのは、そのためです。

節電ダイヤ
東武鉄道が電気設備を適切に管理していても、不可抗力で電力供給が正常にできないこともあります。2011年の東日本大震災の直後は東京電力の要請により、本数削減などの節電ダイヤで運行されました。

電気保全の業務

変電所の点検の様子。

架線点検も入念に行なわれています。

列車の進路を変えるための転てつ器(ポイント)の保守も行なわれています。

架線ハンガーの取替えなどのメンテナンスも一つひとつ慎重に行なわれています。

鉄道設備の専門会社

東武エンジニアリングは東武鉄道が100％出資するグループ会社で、電気および線路など鉄道設備の保守や管理を行なっています。専門分野に特化された会社ですが、この会社に入社した電気や土木の従業員は、実務の経験を積んだ後、試験を受けて東武鉄道に入社することもあります。

第7章 安全・安心のしくみ

進化を続けるシステム
運転保安装置

ATCのしくみ

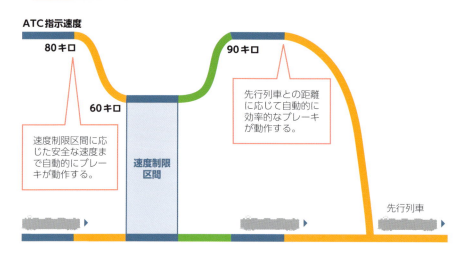

列車の速度を自動で制御するATC

2015年1月31日、東上線川越市〜小川町間に、東武鉄道で最初となる新しい運転保安装置、**ATC**が導入されました。この名称は**自動列車制御装置（Automatic Train Control）**を略したものです。先行する**列車との間隔**、曲線やポイントによる**速度制限**など、列車の運転状況にリアルタイムに対応し、列車の速度を自動で連続的に制御します。また、地上の信号機に代わり、運転台に信号が表示されるので、運転士が常に状況を把握できるというのも優れた点です。

ATCは、日本で半世紀以上の歴史がありますが、東武鉄道が導入したものはデジタル信号を用い、**自動停止**、**列車種別ごとの駅誤通過の防止**などの機能が追加された先進的なものです。そのため、「**東武型ATC**」とも呼ばれ、2015年9月までに、池袋〜川越市間にも導入され、使用区間が拡大されました。

POINT
ATC
東上線に設置されているATCにはデジタル技術が使用され、前の列車との距離、線路のカーブや勾配などに応じた最適な制御により、安全性が向上しています。

豆知識
日本初のATC
運転台に信号を表示する本格的なATCを日本で最初に採用したのは、1964年に東京〜新大阪間で開業した東海道新幹線です。世界に誇る高速鉄道である新幹線においても、ATCは欠かせないシステムです。

ATS（自動列車制御装置）のしくみ

ATSは、車上装置と地上装置が双方向の通信を行なうことでATSパターンを構築し、列車と信号機までの距離に応じた速度制限を行なっています。

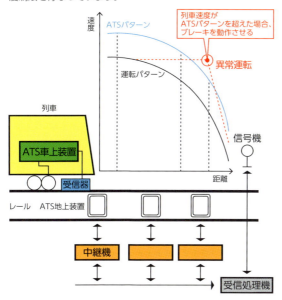

安全性を高めるATS

ATSは自動列車停止装置（Automatic Train Stop）を略した呼称です。機能を簡単にいうと、信号現示曲線部などの制限速度を超えた場合に列車を自動的に停止させる、というものです。

以前から導入されていたATS

東武鉄道では以前から**ATS（自動列車停止装置・Automatic Train Stop）**が導入されています。ATSは1968年に一部で使用が開始された後、1971年に全車両に装着されました。その機能は、列車が停止信号に接近した場合、列車を自動的に停止させるというものです。

ATCはATSに比べ、より効率的な速度制御を行なうことで安全性を高めています。ATCを使用するには、地上の設備とともに、車両にも関連機器を搭載しなければなりません。また、東上線に乗り入れる東京メトロ、東急電鉄、横浜高速鉄道の車両にも、東武鉄道用のATC機器の搭載が必要です。そのほか、乗務員に対しても、ATCの取り扱いに関する訓練の実施が必要となります。

豆知識

地下鉄に普及したATC

ATCは地上を通る路線より、地下鉄の方に早く普及しました。その理由の一つは、地下のトンネル内に運転士からよく見える信号機を設置するのが難しいためです。

駅の安全対策

さまざまな技術の導入

駅の安全確保のために

列車が発着し、多くの人が利用する駅は、安全の確保が特に重要な場所でもあります。

安全を確保するため、まず必要なのは利用者に注意喚起を行なうことです。そのための設備の一つに、ホームの端に敷かれている**黄色い点状ブロック**があります。もともと点状ブロックは目の不自由な人向けのもので、ホーム端の注意喚起の役割を担っています。

また、ホームの一番端を赤く塗った**CP（Color Psychology）ライン**や、赤いライトの点灯によりホームからの転落防止を目的とする**ホーム下注意喚起灯**、**ホーム端注意灯**も導入されています。さらに安全性の向上のため、**可動式ホーム柵**が東武アーバンパークラインの柏駅や船橋駅、東上線の和光市駅で導入されています。

万一の場合への対応

あわせて、万一、人がホームから線路に転落した際の安全対策も行なわれています。ホームの下に設置された**転落検知マット**は、人の転落を検知し駅の事務室などに知らせます。浅草駅、とうきょうスカイツリー駅、大宮駅、池袋駅の各駅では、転落検知と同時に周辺の列車にも警報が発信され、列車を停止させます。また、ホームの下に空間がない駅において、転落してしまった人の避難場所として**ホーム下待避口**を設けています。

利用者が危険に気づいたときに列車を緊急停止させるための**非常停止ボタン**もホームにあります。これを押すと警報が発信され、周辺の列車は緊急停止します。また、主要な折り返し駅の係員は、これと同じ機能を持つ**リモコン式の非常停止ボタン**を携帯しています。このように、駅の安全確保のため、さまざまな工夫がなされているのです。

豆知識

点状ブロック
ホームに設置された点状ブロックには、丸い突起の内側に、直線状の突起があります。これは、直線がある方がホームの内側ということを目の不自由な人に知らせるものです。

ホームの高さ
自分がホームに立っていると、線路に対しホームがどれくらいの高さなのか、イメージしにくいですが、実際はレールの上面から1.1m程度あります。転落したら、大人でもホームに上がるのは大変です。

🕐 駅の安全対策

利用者の安全・安心のため、駅ではさまざまな設備対策が行なわれています。

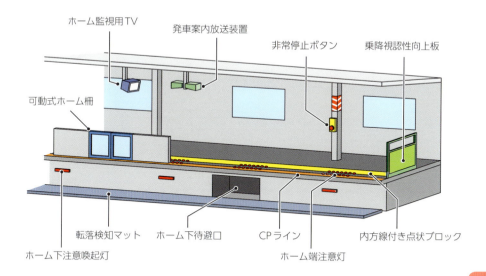

- ホーム監視用TV
- 発車案内放送装置
- 非常停止ボタン
- 乗降視認性向上板
- 可動式ホーム柵
- 転落検知マット
- ホーム下待避口
- CPライン
- 内方線付き点状ブロック
- ホーム下注意喚起灯
- ホーム端注意灯

転落防止のための可動式ホーム柵。

利用者へ注意喚起を図るため、ホームの端には「CPライン」という塗装が施されています。

転落を自動検知し、駅員に異常を知らせる転落検地マット。

Mini Column

AED（自動体外式除細動装置）

東武鉄道では無人駅などを除いた全173駅に、AED（自動体外式除細動装置）を設置しています。これは、乗客が心室細動という不整脈を起こした際に、自動的に心電図を解析し心臓に電気ショックを与え、正常に戻す装置です。2004年7月の法改正により、医療従事者以外でもこの装置を使用できるようになり、今では多くの公共の場に設置されています。

第7章　安全・安心のしくみ

人、列車、自動車を守る
踏切の安全対策

安全のために目立つ踏切に

鉄道と自動車や歩行者が共存するために、踏切は欠かせません。これには、鉄道側と道路側、双方の安全の確保とともに、道路の渋滞を極力少なくすることが求められています。

東武鉄道では、自動車や歩行者に踏切の存在を知らせ、警報中の踏切横断防止を目的に、すべての踏切の遮断機に**黄色い警告票（遮断かん警告票）、赤と白の下げベルト（遮断かん下げベルト）**が設置されています。また、警報機がよく見えるよう、道路の真上に出した**オーバーハング型警報機**、正面以外の方向からも赤い光が見える全方向型閃光灯も、導入されています。

東武鉄道では、列車が近づいてから踏切に到達するまでの時間が一定ではないケースがあります。そこで、遮断時間の適正化を目的として、列車の速度に応じ踏切の警報機や遮断機の作動のタイミングを切り替える、**列車種別装置（急緩選別）**も設置されています。

支障発生時は、まず列車停止

踏切およびその付近で異常があった場合は、直ちに列車を停止させなければなりません。踏切の脇には非常停止ボタンがあり、これを押すと列車に警報が発信されるようになっています。また、光によるセンサーで、踏切内に自動車などがあることを検知する**自動式踏切支障報知装置**もあり、同様に列車の運転士に異常が知らされます。さらに、レーダーによるセンサーを使用する新型の**踏切支障報知装置**も登場。支障を検知する範囲が広がることから更新が進められています。

道路の交通の円滑化では、道路管理者と連携のうえ、踏切とその前後の道路の拡幅も進められています。また、踏切自体をなくす**立体交差化**は、安全性向上と渋滞解消を実現できるため、各所で進められています。

豆知識

踏切の数
東武鉄道全線の踏切の数は、1960年時点で2424カ所でした。その後立体交差化などが進められ、2015年度には978カ所と、半数以下に減っています。

踏切にある溝
踏切内は人や自動車などが通るため、平らにされてあります。しかし、レールの内側には、列車の車輪のフランジという、つば状の部分が通るための溝があります。踏切を渡る際は、その溝につまずいたり、ベビーカーの車輪を落としたりしないよう、注意が必要です。

POINT

立体交差化
東武鉄道では竹ノ塚駅付近や、清水公園～梅郷間での連続立体交差事業が進められています。

踏切の安全対策

踏切には、事故の未然防止のための、設備対策が施されています。自動式踏切支障報知装置が設置されている踏切では、従来の光線による「線」での検知より検知範囲の広いレーダー式の新型への更新が進められています。

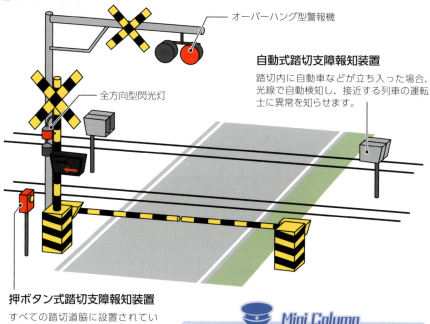

オーバーハング型警報機

自動式踏切支障報知装置
踏切内に自動車などが立ち入った場合、光線で自動検知し、接近する列車の運転士に異常を知らせます。

全方向型閃光灯

押ボタン式踏切支障報知装置
すべての踏切道脇に設置されている「非常停止ボタン」を押すことで、接近する列車の運転士に異常を知らせます。

Mini Column

異常時総合訓練

東武鉄道では1965年以来毎年、異常時総合訓練が実施されています。これは鉄道輸送の安全への取り組みの一環として行なわれているもので、実際の事故を想定し併発事故防止、負傷者の救出・救護、乗客の避難誘導、事故復旧体制の確立などが訓練されています。2015年の例では11月に南栗橋車両管区において、踏切での乗用車との衝突が再現されて行なわれました。

踏切遮断時間の短縮化

列車種別装置(急緩選別)が踏切に設置され、遮断時間の適正化が図られています。

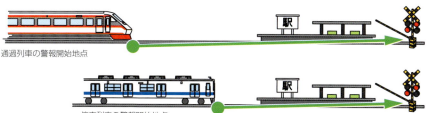

通過列車の警報開始地点

停車列車の警報開始地点

予期せぬ自然災害から鉄道を守る
強風・豪雨・地震対策と運行規制

地震発生時の運転規制

　東日本大震災以降、重要度が改めてクローズアップされているのが**地震対策**です。東武鉄道には、実際に大きく揺れる前に列車を停止させる、**早期地震警報システム**が導入されています。これは気象庁から配信される緊急地震速報を利用したものです。気象庁を含む全国約1000ヵ所の地震計網で初期微動（P波）を検知して、東武鉄道のシステムで主要動（S波）を予測計算後、大きな揺れが予測される場合は列車乗務員に通報されるものです。大きな揺れをもたらすS波が到着するまでにタイムラグがあるので、それまでに停止させることが可能です。また、沿線に地震計が設置され、震度4以上を観測すると列車の**運転規制**が行なわれます。

　また、大規模災害などの発生時に通信手段確保のため**衛星電話**や**警視庁直通電話**が導入されました。ほかにも、帰宅困難者への対応として、全駅（委託駅や無人駅を除く）に食料、飲料水、アルミブランケットの**備蓄品**も用意されています。

風、雨、落石から守るしくみ

　地震以外の自然災害には雨や風があります。雨については沿線に**雨量計**が設置され、必要に応じ**運転規制**が行なわれるとともに、盛土や切土の区間の点検が実施されます。風に対しても沿線に設置された風速計による観測データに基づき、強風時には運転規制をします。

　また、広いネットワークを持つ東武鉄道には、落石が懸念される区間もあります。そのような場所には**落石止擁壁**、**落石防止網**、**落石防止柵**などが地形に応じ設置されています。さらに、鬼怒川線の鬼怒川温泉～新藤原間には**落石検知装置**も備えられており、落石を検知したときは駅と列車に落石を知らせ、すぐに停車させます。

POINT
運行規制
2015年9月、台風18号の影響による集中豪雨により、東武鉄道では土砂崩れや橋梁の流失などの被害がありました。このとき運行規制が実施されていたため、運行中の列車の事故が防がれました。

用語解説
緊急地震速報
気象庁が全国約220ヵ所の地震計と、全国約800ヵ所の防災科学技術研究所の高感度地震観測網を利用したシステムです。地震発生時に震源の位置、震度、S波到着までの時間を瞬時に予測し、それが速報されます。

豆知識
帰宅困難者対策訓練
震災などにおける帰宅困難者への対応を円滑にするため、東武鉄道では自治体と共同で帰宅困難者対策訓練なども実施されています。2014年度に実施されたのは、新越谷、草加、池袋、川越の各駅です。

早期地震警報システム

大きな揺れが予測されると、列車の乗務員には自動的に通報されるしくみになっています。

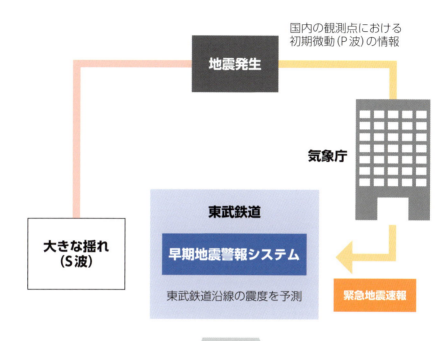

Mini Column

地震波の伝達速度
地震が発生した際、P波（初期微動）は毎秒約7km、S波（大きな揺れ）は毎秒約4kmの速度で伝わります。震源から100km離れた地点で、P波到着まで約14秒、S波到着まで約25秒かかり、その差は約11秒です。列車運行中、P波を検知してすぐブレーキをかければ、S波が来るまでに停止あるいは大幅な減速ができるので、事故防止に大きな効果があります。

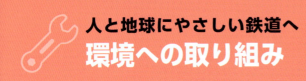

人と地球にやさしい鉄道へ
環境への取り組み

電力貯蔵装置（イメージ図）

列車がブレーキを使用した際に発生する回生電力をほかの列車の加速時に供給します。

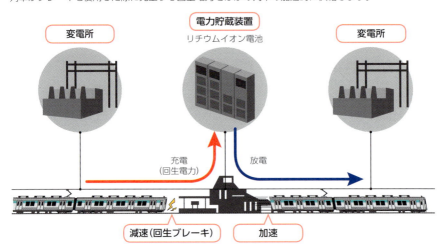

進む省エネルギー化

　鉄道による環境への負荷は多岐にわたりますが、まず注目されるのは、**エネルギーの消費**です。列車が走るには電力が必要ですが、主電動機や制御装置などの改良により、使用電力の低減が進んでいます。例えば、東武アーバンパークラインの新型車両60000系は**VVVFインバータ制御**、**回生ブレーキ**、**軽量なアルミ合金製車体**、**LEDによる車内照明・前照灯**などの効果で、8000系と比べ使用電力が**約40％**も削減されました。

　ほかの例として挙げられるのは、10000系列車のリニューアルです。2008年度から実施されたもので、冷房装置の冷媒が環境への影響が少ない**代替フロン**に変更されています。また、2013年度以降のリニューアルでは**車内照明のLED化**と、一部編成の**VVVFインバータ制御化**もメニューに加わりました。また、回

用語解説
回生ブレーキ
電力を効率的に利用するために開発されたブレーキ方式。列車がブレーキをかけた際に、モーターを発電機として作動させて、発生したその電力を架線に戻してほかの列車の動力として再利用します。

🔵 回生ブレーキ

ブレーキをかけたときに発生するエネルギーを電気に変え、架線に戻してほかの列車に使用します。

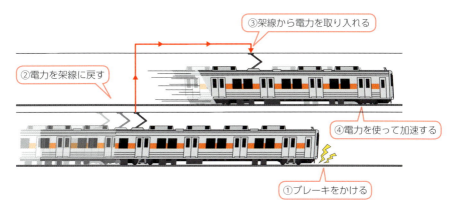

ISO14001の取得
ISOは「国際標準化機構」(International Organization for Standardization)の略称です。この組織が定めた数々の規格の一つに、事業所の環境対応が適正であることの指標となる、ISO14001があります。この認証は一度取得すれば完結するものではなく、定期的な更新が必要です。南栗橋工場では2008年6月、2011年7月、2014年8月に更新審査に合格しています。

生ブレーキで発生した電流を蓄えておく地上設備、**電力貯蔵装置**も導入されています。

環境保全に貢献する企業へ

2012年4月にリニューアルオープンしたとうきょうスカイツリー駅は、構内照明が**LED**になったほか、トイレ洗浄水への雨水利用など、環境に配慮した設備が導入されています。

東武鉄道の車両のメンテナンスの中枢、南栗橋工場でも、周辺への環境に配慮した活動が行なわれています。具体的には**騒音低減**、**有害物質の排出の防止**、**省エネルギー化**などが行なわれ、2005年9月、東武鉄道の南栗橋工場が環境マネジメントシステムの国際規格、**ISO14001**の認証を取得しました。環境に十分配慮した設備であることが、国際的に認められたというわけです。

豆知識
社会環境報告書
東武鉄道では毎年、社会環境報告書という文書をまとめています。最新の2015年版は38ページ(表紙、目次、奥付を除く)で構成され、環境への対応や社会への貢献などの取り組みについて、詳しく解説されています。

東武鉄道の主な年譜

年月日		事項
明治	28.4.6	東武鉄道創立願提出。東京市本所区から栃木県足利町まで83.7kmの鉄道敷設申請、発起人、川崎八右衛門他11人
	29.10.16	創業総会を開催
	30.9.3	設立本免許状が下付される
	30.11.1	設立登記（後日この日を創立記念日とした）
	32.8.27	北千住〜久喜間営業開始
	37.4.5	曳舟〜亀戸間3.4km開通（亀戸線全通）
	38.10.8	本社を東京市麹町区八重洲1-1から本所区横網町1-20に移す
	43.7.13	新伊勢崎〜伊勢崎間開通（伊勢崎線全通）
	44.3.12	本社を本所区小梅瓦町49番地に移す
	44.11.14	東上鉄道㈱創立総会を開催
大正	3.5.1	東上鉄道㈱池袋〜田面沢（現川越市〜霞ヶ関間に位置）間33.5km営業開始
	3.10.16	佐野町（現佐野市）〜佐野間2.5km開通（佐野線全通）
	9.7.27	東上鉄道㈱との合併を登記
	11.4.5	北総鉄道㈱創立総会を開催
	12.9.1	関東大震災により被害を受ける
	13.10.1	浅草（現とうきょうスカイツリー）〜西新井間に電車運転開始
	14.7.10	小川町〜寄居間10.8km開通（東上線全通）
昭和	2.10.1	館林〜伊勢崎間を電化、浅草〜伊勢崎間の電化完了
	4.10.1	杉戸（現東武動物公園）〜東武日光間94.5km全線開通
	5.10.29	特別車座席使用料を制定（昭4.12から浅草〜東武日光間に展望車を運転）
	6.5.25	浅草雷門（現浅草）〜業平橋（現とうきょうスカイツリー）間1.1km開通。浅草駅を業平橋駅に改称
	6.8.11	新栃木〜東武宇都宮間24.4km開通（宇都宮線全通）
	6.11.1	浅草駅ビル（東武ビル）が完成（同日、浅草松屋オープン）
	6.12.20	西板線（現在の大師線）西新井〜大師前間1.1km開通
	7.3.18	相老〜新大間々（現赤城）間3.4km開通（桐生線全通）
	8.10.27	傍系会社として毛武自動車㈱（桐生〜足利、太田〜熊谷、太田〜桐生、境町〜深谷）を設立（登記）
	9.4.1	東武鉄道㈱直営の自動車営業を川越地区で開始（自動車事業のはじまり）
	11.秋	武蔵常盤（現ときわ台）駅前宅地分譲
	11.9.8	毛武自動車㈱の社名を東武自動車㈱と改称
	13.4.17	旧本社ビルが完成
	14.6.1	東武鉄道㈱経営の自動車事業（川越地区）を一括して東武自動車㈱へ譲渡
	16.6.1	東小泉〜太田間6.4km開通（小泉線全通）
	18.5.1	下野電気鉄道㈱を買収（現鬼怒川線）
	18.7.1	越生鉄道㈱を買収（現越生線）
	19.3.1	総武鉄道㈱と合併（現野田線 昭19.3.31登記）
	22.6.1	東武鉄道㈱が東武自動車㈱を合併（昭22.5.31登記）
	22.9	キャサリン台風により414.9kmが不通（全線仮復旧は昭22.10.27）
	23.8.6	急行料金を設定
	24.2.1	「華厳号」・「鬼怒号」特急電車を運転開始、毎日1往復、土・日曜日2往復
	24.5	東京証券取引所に上場
	26.9.22	5700系ロマンスカー就役

年月日	事項
27.4	特急列車を自由定員制から座席指定制に変更
28.10.26	伊勢崎線急行料金を制定
28.11.1	浅草〜新桐生間に急行運転開始、毎日1往復
29.7.19	浅草駅に初の自動券売機を設置（機械式）
30.1.4	第1次5か年計画の構想を発表
31.4.1	急行料金を特急料金と改称　1700系ロマンスカー（白帯）就役
31.5.25	自動踏切遮断機を亀戸線で初使用
31.8.1	ラッシュ時に東上線で婦人専用車の運転を開始
31.10.6	初の記念乗車券を東上線で発売（川越大師喜多院落慶記念）
31.10	電気式自動券売機を設置（浅草駅）
33.4.20	マイクロ無線装置使用開始（本社〜杉戸・新栃木間）
34.4.1	東上線で蒸気機関車の運転を廃止
34.10.1	越生線にCTC装置を設置
34.11.10	宇都宮駅ビルが完成（昭34.11.28 東武宇都宮百貨店オープン）
34.12	1700系ロマンスカーに冷房装置を搭載（東武初の冷房車登場）
35.10.9	1720系デラックスロマンスカー就役
36.10.2	東京証券取引所市場第一部に指定
37.4.1	定年を55歳から56歳に延長
37.5.25	池袋東武会館が完成（昭37.5.29 池袋東武百貨店オープン）
37.5.31	伊勢崎線、営団（現東京メトロ）日比谷線（北越谷〜人形町間）で相互直通運転を開始
37.8.22	当社初のマルチプルタイタンパーを東上線に導入
37.9.22	特急スピードアップ（時速110km運転 浅草〜東武日光間104分に）
38.4.17	一般車両の塗色変更（ロイヤルベージュとインターナショナルオレンジのツートンカラー）を決定
38.11.1	8000系通勤車就役
39.3.19	デラックスロマンスカーにスチュワーデス登場
39.5.31	座席指定料金設定、日光線に6000系使用の快速列車を運転開始。
39.8.29	営団（現東京メトロ）日比谷線（北千住〜中目黒間20.3km）全通。中目黒への乗り入れ開始
39.11.1	「記念物」を初指定（当社設立時の文書など17点）
41.3.16	初の乗合ワンマンバス運行開始（松原団地・豊四季団地循環）
41.7.1	蒸気機関車の運転を全廃（貨物線の全線電化完成）
41.9.1	日比谷線直通列車、運転区間を北春日部まで延長
42.6.27	踏切支障報知装置を初設置
43.4.1	ATS 一部使用開始
43.11.1	東武初の賃貸マンション「竹の塚ステーションビル」が完成
43.12.28	マイクロ無線設備全線取付完了
44.3.1	社是・信条を制定
44.6.6	北春日部に東武鉄道研修所（現能力開発センター）が完成
44.9.20	急行りょうもう号1800系電車就役
44.10.31	電車保有車両数が1000両を突破
45.4.15	旧本社社屋（新館）が完成
45.10.1	旧本社電力指令制御室で本線の15変電所を遠隔集中制御

東武鉄道の主な年譜

年月日	事項
昭和 46.3.1	東上線急行運転を開始（行楽急行は特急に名称統一）
46.3.15	TSP型ATSを全車両に取付完了
46.4.29	整理券方式の多区間ワンマンバスを野田営業所管内で初運行
46.6.17	東武初の分譲マンション「東武西新井サンライトマンション」が完成
46.11.1	本社スタッフ部門の課制を廃止
47.7.11	8000系通勤列車に冷房車が初登場
47.8.15	初の自動改札機を西新井駅に導入
48.6.27	初の転換社債50億円を発行
48.7.20	日光線全線複線化、30年ぶりに復活（昭17、戦時軍需のため合戦場以北が単線にされていた）
48.9.1	本線全変電所の遠隔集中制御開始。日光線8駅、鬼怒川線3駅を無人化
49.7.2	関東民鉄初の複々線化、北千住～竹ノ塚間が完成
49.7.23	特急スピードアップ（浅草～東武日光間101分）
50.6.11	週休の隔週2日制実施
50.12.20	電車内に優先席を設置
51.4.1	定年を56歳から57歳に延長
51.5.11	踏切保安設備集中監視装置完成
52.10.5	船橋駅ビルが完成（昭52.10.7 船橋東武百貨店オープン）
53.7.28	初の連結決算を発表（東武鉄道、東武ストア、東武ホテル、共助商事〔現東武商事〕）
53.8.1	乗合バスでフリー乗降区間を群馬地区で初採用
53.8.15	本線の定期、回数乗車券発行業務を集約化（東上線は昭53.9.12から）
54.3.10	第二東武館が完成
54.11.19	柏駅ビルが完成（柏高島屋ローズタウン）
55.2.14	特急・急行列車座席予約発売オンラインシステムが完成
55.9.1	60歳定年延長を段階的に実施、昭61.4.1より完全実施へ
56.3.16	杉戸駅を東武動物公園駅に改称、営団（現東京メトロ）日比谷線直通区間を同駅まで延長
56.3.28	東武動物公園がオープン（創立80周年事業）
56.4.29	乗合バスワンマン化、実施率100%に
56.7.1	東上線踏切集中監視業務を志木から池袋へ移行
56.9.22	東上線全変電所を集中遠隔制御化
56.11.1	北春日部に運動場が完成
56.12.28	有楽町線直通用9000系電車就役
57.1.18	北春日部に武道館が完成
58.4.1	適格退職年金制度を実施
58.12.22	10000系通勤車就役
59.2.21	手小荷物取扱業務を全廃
59.5.10	民鉄初のワラント債1億スイスフランを発行
59.9.3	「東武スイミングスクールかねがふち」オープン（スポーツ事業に本格参入）
59.11.12	1株あたり0.05株を無償増資
60.6.3	乗合バスのボディカラーを変更開始
60.10.1	スイスフラン立て転換社債5000万スイスフランを発行
60.11.15	6000系が車体を一新し、6050系として登場

年月日		事項
	61.4.28	国内分離型ワラント債100億円（民鉄初）と1億スイスフランを発行
	61.5.12	1株あたり0.05株を無償増資
	61.7.1	東武動物公園内に東武乗馬クラブ＆クレインがオープン
	61.10.9	野岩鉄道会津鬼怒川線開業に伴い、浅草～会津高原（現会津高原尾瀬口）間の相互直通運転開始
	61.10.21	東上線の貨物営業を全廃
	61.12.27	スキー専用夜行スノーパル23:50（現23:55）の運転を開始
	62.8.25	和光市～志木間複々線化使用開始。東上線と営団（現東京メトロ）有楽町線との相互直通運転開始（川越市～新富町間、昭63.6.8新木場まで延長）
	62.10.2	銀座東武ホテルがオープン（創立90周年事業、平19.4.1「コートヤード・マリオット銀座東武ホテル」に名称変更）
	63.3.1	座席予約オンラインシステムを東武トラベル、JTBのオンラインと直結
	63.3.25	日比谷線直通用20000系が就役
	63.5.18	特定都市鉄道整備積立金制度を導入した運賃改定を実施
	63.6.1	とーぶカード（プリペイドカード）を発行
	63.8.9	竹ノ塚～草加間4.1kmの高架複々線が完成。浅草～東武宇都宮間に快速急行「しもつけ」を新設
	63.11.11	1株あたり0.1株を無償増資。東京～いわき間に高速バス運行開始（JRバス関東・常磐交通と共同運行）
平成	1.4.1	消費税導入に伴う運賃改定を実施
	1.4.28	大宮～成田空港間の高速直通バス「ONライナー」を6社共同で運行開始
	1.5.20	創立90周年事業として東向島駅構内に「交通と文化の東武博物館」をオープン
	2.9.25	業平橋駅を改良し都営・京成線の押上駅と連絡（平15.3.18まで）押上乗車制度を導入（平9.3.31まで）
	2.6.1	100系「スペーシア」が就役（平3.9.1全特急列車を100系「スペーシア」化）
	2.10.12	会津線の一部電化完成で浅草～会津田島間の直通運転を開始
	3.2.1	急行「りょうもう号」に200系が就役
	3.9.26	宮の森カントリー倶楽部オープン
	3.10.1	路線バスの経営改善施策「路線の肩代わり」始まる
	4.3.1	自動改札機の本格導入を開始（同日、本線2駅、東上線4駅）
	4.4.11	年間休日104日制実施（週休2日制）
	4.6.3	池袋東武会館（東武百貨店池袋店本館）とメトロポリタンプラザビル（同店プラザ館）を結ぶ「東武中央館」が完成
	4.6.8	池袋西口に「メトロポリタンプラザビル」が完成
	4.9.21	特急関東民鉄初の120km/h運転開始（浅草～東武日光間98分）
	4.10.1	東上線全線で、禁煙タイムを変更、池袋駅は終日禁煙に
	4.10.15	東武初のワンステップバスを2両導入
	4.12.1	野田線全車両の大型冷房車化完成。本線で禁煙タイム変更と終日禁煙駅を新設、伊勢崎線急行の禁煙車を拡大
	4.12.29	日比谷線直通用20050型（5扉車）が就役
	5.4.1	日光線特急・急行の禁煙車増設、一般列車の車内禁煙区間を全線に拡大
	5.4.24	東武ワールドスクウェアがオープン
	5.10.16	本線の新電力システムを使用開始
	6.4.1	観光バスボディカラーをグループ統一デザインに変更

東武鉄道の主な年譜

年月日	事項
平成 6.5.20	1株1.03株に分割
6.10.1	都内バス共通カードを導入
6.12.7	有楽町線直通用9050型電車が就役。有楽町線新線池袋駅に乗入れ
7.2.11	大宮駅改良工事が完成
7.8.11	東武初の冷暖房付きホーム待合室を志木駅に設置
7.9.1	時差回数乗車券と土・休日割引回数乗車券発売開始
7.10.1	自動券売機で普通・時差回数乗車券の発売開始
7.10.26	草加駅高架下に専門店街「VARIE（ヴァリエ）」がオープン
8.7.23	北千住駅の混雑緩和策として東武線は1階、日比谷線は3階で発着
8.8.1	インターネット上にホームページ「TOBULAND」を開設
9.3.25	北千住改良工事が完成。草加〜越谷間6.9kmの高架複々線が完成。半蔵門線直通用30000系電車が就役。下り特急・急行列車が北千住駅に停車（専用ホームを開設）。全特急・急行列車の定期券乗車を実施
9.6.5	百周年記念パーティーを錦糸町東武ホテルレバントで開催
9.6.8	錦糸町東武ホテルレバントがオープン（創立百周年事業、平10.6.1「東京マリオットホテル錦糸町東武」に、平18.4.1「東武ホテルレバント東京」に名称変更）
9.9.12	東武藤が丘カントリー倶楽部がオープン（創立百周年事業）
10.1.1	前橋市内で1区間100円運賃を設定（平11.3.31まで）
10.1.30	小澤征爾＆新日本フィルハーモニー特別演奏会（百周年記念）
10.3.26	新越谷駅に新越谷駅ビル「VARIE（ヴァリエ）」がオープン
10.3.31	社史ダイジェスト版「RAILWAY100」を発行
10.4.2	急行「りょうもう号」に250型が就役
10.4	とーぶ鉄道モニター制度発足
10.6.26	百周年記念配当を第178期株式総会で決議
10.7.22	従業員持株制度を導入
10.10.30	東武鉄道百年史（正史）を発行
10.12.1	ポイントカードシステム「東武キャッシュバッククラブ」を草加ヴァリエに導入
11.3.1	ノンステップバス順次運行開始（10両）
11.3.16	日光線特急の一部春日部駅停車を実施（特急・急行料金の細分化）。急行「りょうもう号」の特急化
11.9.1	「東武キャッシュバッククラブ」を共通カード化
11.10.13	埼玉県宮代町に「レクイエム聖殿」がオープン
12.2.18	スーパー銭湯「湯屋処まつばら」がオープン
12.2.25	志木駅東口駅ビル「st.TOSCA」がオープン
12.3.1	低公害（EGR/DPF搭載）バスを導入
12.3.31	株主優待制度を拡充
12.6.29	ストック・オプション制度を導入
12.10.14	共通乗車カードシステム「パスネット」、「フェアスルーシステム」導入
12.11.1	終日禁煙駅を拡大（相老・赤城・新藤原を除く全線終日禁煙化）
12.11.15	春日部駅東口に店舗「食鮮市場 春日部東口店」が完成
13.3.28	伊勢崎線越谷〜北越谷間1.7kmの高架複々線が完成。北千住〜北越谷間（19.0km）を複々線化。日光線特急の停車駅を新栃木から栃木に変更。日光線特急のすべてを春日部、新高徳に停車。インターネット・携帯電話による日光線特急・急行の予約開始

年月日	事項
13.4.1	部次長職、課次長職を廃止。東上線運行管理システムを使用開始
13.4.18	東上線電気指令所を川越市構内に移設、使用開始
13.10.1	事業環境の変化に対応できる体制づくりに向け、「東武バス株式会社」を設立（平14.9.30 バス事業本部を廃止し、平14.10.1 に東武バスが営業開始）
13.11.20	メール配信サービス「とぶとぶメール」を開始
14.1.23	中期経営計画「東武グループ再構築プラン」を策定
14.3.31	東武ワールドスクウェアの営業を東武ワールドスクウェアに譲渡
14.4.1	東武動物公園の営業を東武レジャー企画に譲渡
14.6.1	リアルタイムで鉄道運行情報を提供
14.9.30	バス事業本部を廃止（平14.10.1 より東武バスが営業開始）
14.11.1	一部のスポーツ施設の営業を東武スポーツに譲渡
14.12.26	東武ガスの全保有株を日本瓦斯に売却
15.1.1	「コンプライアンス基本方針」「環境理念」と「環境方針」を制定
15.2.17	「102＠運行情報メール」の配信サービスを開始
15.3.19	伊勢崎線・日光線、営団（現東京メトロ）半蔵門線、東急田園都市線（南栗橋～押上～渋谷～中央林間）で相互直通運転を開始。特急・急行料金の値下げを実施、特急・急行列車内に車掌用携帯型端末機を導入。浅草駅にステーションアテンダントを配置（平15.3.18 にスペーシアアテンダントを廃止）。大師線、小泉線（西小泉・東小泉～太田間）でワンマン運転開始
15.3.31	直営ゴルフ場（宮の森カントリー倶楽部、星の宮カントリー倶楽部、東武藤が丘カントリー倶楽部）の営業を東武不動産に譲渡
15.4.1	東武食品サービスより浦和東武ホテルの営業を譲受（平20.6.30 営業終了）
15.5.1	東武線全駅で終日全面禁煙を実施
15.6.1	「東武鉄道コンプライアンス・マニュアル」を作成。施設・設備の維持補修および保守業務を東武エンジニアリングに委託
15.6.5	「東武鉄道環境報告書2003」を発行
15.8.1	69駅における駅業務、構内営業等の業務を東武ステーションサービスに委託
15.9.30	貨物営業を全廃
16.1.13	ハンドル形電動車いすの利用を一部の駅で可能に
16.4.1	「グリーン購入ガイドライン」「情報セキュリティ基本方針」「危機管理規程」を制定。南栗橋車両基地に工場棟が完成。保守業務を東武インターテックに全面委託
16.5.1	団体割引の最少適用人員の引下げと特急料金の団体割引適用を開始
16.8.1	新桐生駅で当社初の「パーク・アンド・ライドサービス」を開始
16.9.29	東武運輸栃木と東武運輸新潟の保有株式85%をPZ運輸に売却
16.10.19	亀戸線でワンマン運転開始
17.3.1	「AIZUマウントエクスプレス号」が鬼怒川温泉～会津若松（一部、喜多方）間で直通運転を開始
17.3.17	東上線小川町～寄居間でワンマン運転開始
17.5.9	伊勢崎線・日光線・東上線に女性専用車両を導入
17.6.20	野田線に女性専用車両を導入
17.9.16	南栗橋車両管理区（現南栗橋車両管区）でISO14001の認証取得（東武鉄道・東武インターテック）
17.9.29	伊勢崎線第37号踏切を自動化（これにより東武線内の手動式踏切が全廃）
18.3.14	IT事業部でISMSの認証取得

東武鉄道の主な年譜

年月日	事項
平成 18.3.18	JR新宿～東武日光・鬼怒川温泉間で、JR東日本と特急列車の相互直通運転開始。東京メトロ半蔵門線、東急田園都市線との相互直通運転区間を久喜まで延長。伊勢崎線・日光線等の列車種別の変更により有料急行を廃止（特急に格上げ）。伊勢崎線太田～伊勢崎間、佐野線、桐生線でワンマン運転開始
18.3.31	新タワーの建設地が墨田・台東エリア（押上・業平橋地区）に決定
18.4.24	「東武鉄道お客さまセンター」を開設
18.5.17	東武グループ中期経営計画（06～08年度）を策定
18.8.1	8月1日を「安全の日」に定める
18.9.28	小泉線（館林～西小泉間）でワンマン運転を開始
18.10.1	安全管理規程を制定
18.11.1	主要6駅にAED（自動体外式除細動器）を設置（平20.3.28 委託駅・無人駅を除く172駅に設置完了）
19.1.4	初の直営インドアテニススクール「TOBURiA せんげん台」をオープン
19.3.18	交通ICカード「PASMO」のサービスを開始。交通ICカード「PASMO」での「電子マネーサービス」を9駅189か所の店舗・自動販売機でスタート。特急列車の全車両を禁煙化
19.4.1	技師長職を新設
19.4.3	システム開発部Web担当がISO27001認証を取得
19.5.31	気象庁が配信する緊急地震速報を用いた「早期地震警報システム」を導入
19.6.25	「東武鉄道2007 安全報告書」を発行
19.6.28	当社株式の大量買付行為に関する対応策（買収防衛策）を導入
19.8.1	遺失物検索システムを運用開始・キャラクター「わすレモンちゃん」誕生
19.9.20	川越駅ショッピングエリア「EQUIA（エキア）川越」オープン
19.10.1	鉄道事業部門に管区制を導入。鉄道乗務員養成所に訓練機能を向上した運転シミュレーターを導入
19.10.31	栃木～東武宇都宮間（日光線・宇都宮線）でワンマン運転を開始
20.2.14	ホームページ上での遅延証明書の発行サービスを開始
20.6.14	東上線、東京メトロ副都心線（森林公園～和光市～渋谷）で相互直通運転を開始。座席定員制列車「TJライナー」を運転開始。越生線でワンマン運転開始
20.7.14	業平橋押上地区開発計画（新タワー計画）が着工
20.10.25	第1回"東武鉄道杯"東上沿線少年野球大会を開催（平20.11.3まで）
20.11.11	携帯電話を利用した「特急券チケットレスサービス」と「東武携帯ネット会員」の会員募集を開始
21.1.1	池袋西口駐車場を吸収合併
21.2.1	第1回"東武鉄道杯"東上沿線少年サッカー大会を開催（平21.2.21まで）
21.2.26	志木駅ショッピングエリア「EQUIA 志木」がオープン
21.3.22	お子さま向けホームページ「TOBU BomBo Kids（と～ぶボンボキッズ）」を開設
21.4.24	柏駅構内ショッピングエリアがオープン
21.7.22	東武博物館がリニューアルオープン。東武鉄道最初の電気機関車ED101型101号、戦後初めて新造された5700系モハ5701号を展示（東武鉄道で最初の蒸気機関車・電車・電気機関車が一堂に揃う）
21.9.15	TJライナーチケットレスサービス開始。二次元コードを利用した着席整理券確認システムを導入
21.9.15	電気指令が北春日部に移転

年月日	事項
21.9.18	新本社ビル竣工（全組織の業務開始平 21.11.2）
21.9.29	ふじみ野駅複合商業ビル「ふじみ野ナーレ」がオープン
21.11.20	野田線運行管理システムを使用開始
21.12.15	大規模分譲マンション「リライズガーデン西新井」を竣工
22.3.15	越生線全線においてホーム検知装置の使用を開始
22.3.24	東武鉄道全線の全踏切に手動「押ボタン」設置完了
22.4.28	朝霞駅ショッピングエリア「EQUIA 朝霞」がオープン
23.3.12	東上線で「二区間定期券」の発売を開始
23.12.29	特急スペーシア最初のリニューアル車両がデビュー
24.2.29	東京スカイツリータウンが竣工
24.3.17	「業平橋」駅を「とうきょうスカイツリー」駅に改称、「とうきょうスカイツリー」駅に特急スペーシアほか特急列車が停車。「AIZU マウントエクスプレス号」の一部を東武日光まで延伸。伊勢崎線浅草・押上⇔東武動物公園間に路線愛称名「東武スカイツリーライン」を導入。東武線全線を5つのエリアにわけ、駅ナンバリングを導入
24.4.20	とうきょうスカイツリー駅リニューアルオープン。とうきょうスカイツリー駅、浅草駅、池袋駅、東京ソラマチ内の「東武グループツーリストプラザ」にステーションコンシェルジュを配置
24.5.18	浅草駅ビル外観完成（誕生当時の外観を再現）
24.5.22	東京スカイツリータウン開業
24.7.24	回生電力を有効活用した「電力貯蔵装置」を導入（上福岡き電区分所）
24.10.27	展望車両 634 型「スカイツリートレイン」がデビュー
24.11.21	浅草駅ビルの商業施設「EKIMISE（エキミセ）」グランドオープン
25.3.16	とうきょうスカイツリー駅に停車する特急列車を大幅に拡大。東京メトロ日比谷線との直通区間を南栗橋まで延伸。伊勢崎線、館林〜太田間の一部列車でワンマン運転開始。東上線、東急東横線、横浜高速鉄道みなとみらい線（森林公園〜和光市〜渋谷〜横浜〜元町・中華街）と相互直通運転を開始
25.4.24	松原団地駅ショッピングエリア「EQUIA 松原」がオープン
25.6.15	野田線新型車両 60000 系電車が就役
26.3.22	船橋駅で可動式ホーム柵を使用開始
26.4.1	野田線に路線愛称名「東武アーバンパークライン」を導入
26.4.30	「東武グループ中期経営計画 2014 〜 2016」を策定
26.5.1	東上線開業 100 周年、2 種類のリバイバルカラー車両が連結した特別編成列車を運転
26.6.14	「ソライエ清水公園アーバンパークタウン」で街びらきフェスタを開催
26.9.17	東京スカイツリータウンの来場者が 1 億人を突破
26.12.11	「新越谷ヴァリエ」食品フロアを中心とした 1 階が、全面リニューアルオープン
26.12.22	運河駅構内に回生電力貯蔵装置を導入
27.1.31	東上線川越市〜小川町間で、運転保安システム ATC の使用を開始
27.2.1	東上線において、訪日外国人旅行者限定の企画乗車券「KAWAGOE DISCOUNT PASS」を発売
27.2.7	柏駅で可動式ホーム柵を使用開始
27.4.18	日光東照宮四百年式年大祭記念、特急スペーシアの特別塗装列車「日光詣スペーシア」を運行開始（平 27.7.18 より 2 編成目運行開始、JR 相互直通運転対応車両）
27.5.1	浅草駅等で「TOBU FREE Wi-Fi」の提供を開始

【協力】
東武鉄道

鉄道路線網は、東京都、千葉県、埼玉県、栃木県、群馬県の1都4県にわたり、営業キロは463.3kmと関東の私鉄では最大の規模を誇る。路線は、伊勢崎線と日光線およびこの2線に接続する各線を含めた「東武本線」と、東上線と越生線を合わせた「東武東上線」の2大系統がある。明治30年に創立されて以来、周辺の中小私鉄を併合しながら規模拡大を続け、事業分野も建設業・不動産仲介などの住宅産業、百貨店・ストアなどの流通産業、旅行・ホテル・遊園地・テーマパークなどのレジャー産業、バス・タクシー・貨物輸送などの交通産業を展開するなど多岐に渡る。また、2012年に開業した自立式電波塔「東京スカイツリー」や「東京スカイツリータウン」の事業主体でもある。

※「東京スカイツリー」「東京スカイツリータウン」は、東武鉄道株式会社および東武タワースカイツリー株式会社の登録商標です。「東京ソラマチ」は東武鉄道株式会社の登録商標です。

編集協力	有限会社ヴュー企画（池上直哉、竹内博之）
カバーデザイン	土井敦史（noNPolicy）
本文デザイン・DTP	小幡ノリユキ
執筆協力	野田隆、松尾よしたか
写真提供	東武鉄道株式会社、一般財団法人東武博物館、野田隆、松尾よしたか、平賀尉哲、斉木実、白川淳
イラスト	まるやまともや

徹底カラー図解　東武鉄道のしくみ

2016年10月7日　初版第1刷発行

編集	マイナビ出版編集部
協力	東武鉄道株式会社
発行者	滝口直樹
発行所	株式会社マイナビ出版
	〒101-0003
	東京都千代田区一ツ橋2-6-3 一ツ橋ビル2F
	電話　0480-38-6872（注文専用ダイヤル）
	03-3556-2731（販売部）
	03-3556-2735（編集部）
	URL　http://book.mynavi.jp

印刷・製本　シナノ印刷株式会社

※価格はカバーに表示してあります。
※落丁本、乱丁本についてのお問い合わせは、TEL0480-38-6872（注文専用ダイヤル）か、電子メール sas@mynavi.jp までお願いいたします。
※本書について質問等がございましたら、往復はがきまたは返信切手、返信用封筒を同封のうえ、㈱マイナビ出版編集第2部までお送りください。
　お電話での質問は受け付けておりません。
※本書を無断で複写・複製（コピー）することは著作権法上の例外を除いて禁じられています。

ISBN978-4-8399-6035-3
©2016 Mynavi Publishing Corporation
Printed in Japan